Sara Bow

Reading Journal

DRACHENMOND VERLAG

Drachenmond Verlag GmbH
Auf der Weide 6
50354 Hürth
www.drachenmond.de
E-Mail: info@drachenmond.de

Idee & Konzeption: Sara Bow
Satz & Layout: Tizia Neuenhagen
Korrektorat: Michaela Retetzki
Templates by Tizia Neuenhagen
Umschlagdesign: Alexander Kopainski
Bildmaterial: Shutterstock

Druck: Booksfactory

ISBN ISBN 978-3-95991-531-1

Für dich, Papa, da du mir die
Liebe zu Büchern gezeigt hast

Sara Bow

Wohnort
Stuttgart

Beruf
Youtuber + Blogger

Größter Wunsch
Gesundheit für meine Familie

Instagram
@Saraabow

YouTube
Sara Bow Books

Blog
Sarabow.de

Ein Satz, der dich beschreibt:
Ich bin immer Ich selbst & verstelle mich nicht für andere

Warum liest du gerne?
Entspannung & Stressabbau

Was ist dein Lieblingsbuchgenre?
Fantasy & historische Romane

Lieblingsfilm
Pans Labyrinth

Lieblingsstadt
Tokio

Blau
Lieblingsfarbe

Sushi ♡
Lieblingsessen

Luchse & Hasen
Lieblingstier

Hallo, liebe Leserin, lieber Leser,

ich freue mich, dass dieses Reading Journal den Weg in deine Hände gefunden hat. Dieses Journal ist für all diejenigen, die Bücher lieben und ebensolche „Listen-Freaks“ sind wie ich. Lange Zeit war ich selbst auf der Suche nach einem geeigneten Reading Journal, das all meine Bedürfnisse deckt und mir aber auch gleichzeitig die Möglichkeit gibt, mich kreativ auszutoben. Dieses Lese-Tagebuch soll dir nicht nur dabei helfen, deine monatlichen Statistiken und Lesefortschritte aufzuzeichnen, sondern dich auch dazu motivieren, öfter zu lesen und dich zu einem späteren Zeitpunkt wieder an schöne Lesemomente zurückzuerinnern. Für mich als Booktuberin und Vielleserin ist es schwer, immer den Überblick über Neuerscheinungen, eigene Neuzugänge oder meine gelesenen Bücher zu behalten. Dieses Reading Journal soll auch dir dabei helfen.

Ich wünsche dir viel Spaß beim Lesen!

Deine Sara Bow

Sara Bow

Hier kannst du kreativ werden - gestalte die Seite nach deinem Geschmack

DIESES BUCH GEHÖRT:

....

....

Inhalt

10 Bücher für 20......... 10

Rückblick 11

Mein Bücherregal – heute 12

Mein Bücherregal – ein Jahr später 13

Buddy Reads 14

Lesechallenge Sara Bow & Drachenmond 16

Meine Lesechallenge 18

Lesemonat 21

Lesemonat 35

Lesemonat 49

Lesemonat 63

Lesemonat 77

Lesemonat 91

10 Tipps zum Schreiben von Ava Reed 104

Lesemonat 107

Lesemonat 121

Lesemonat 135

Lesemonat 149

Lesemonat 163

Lesemonat 177

Diese Genre habe ich dieses Jahr gelesen 190

Meine Leseweltkarte 191

Mein Reading Goal 192

Meine Jahresstatistik 193

Buchempfehlungen 194

Buchverfilmungen 195

Filme 196

Serien 197

Neuerscheinungen 198

10 Tipps gegen Leseflauten von Sara Bow 199

Meine Rezensionen 202

Messetermine 254

Packliste 256

Memories 257

Neue Kontakte 261

Mein SuB – Stapel ungelesener Bücher 262

Meine SuB-Liste 263

Drachenmond Bücher 272

10 BÜCHER FÜR

20 ....

1. .... ☆

2. .... ☆

3. .... ☆

4. .... ☆

5. .... ☆

6. .... ☆

7. .... ☆

8. .... ☆

9. .... ☆

10. .... ☆

Mein Leseziel für dieses Jahr
sind .... gelesene Bücher

Rückblick

Meine Top 6 Bücher 20 ....

1. ....
2. ....
3. ....
4. ....
5. ....
6. ....

Meine 6 Flops 20 ....

1. ....
2. ....
3. ....
4. ....
5. ....
6. ....

Mein Bücherregal

HEUTE

Datum:

....

Mein Bücherregal

1 JAHR SPÄTER

Datum: ....

BUDDY READS

Titel	Dein Buddy	Wann?

Sara Bow & Drachenmond Verlag

Lesechallenge

1. Lies ein Buch mit mehr als 400 Seiten

Titel: .... Monat: .... ○

2. Beende eine Buchreihe

Titel: .... Monat: .... ○

3. Lies ein Buch, das ich auf meinem YouTube Kanal „Sara Bow Books“ vorgestellt habe

Titel: .... Monat: .... ○

4. Lies einen Einzelband

Titel: .... Monat: .... ○

5. Lies ein Buch mit einem Ein-Wort-Titel

Titel: .... Monat: .... ○

6. Lies ein Buch in einer anderen Sprache

Titel: .... Monat: .... ○

Teile deine Challenge mit dem Hashtag #sarabowchallenge

Lesechallenge

7. Lies eine Märchenadaption

Titel: .... Monat: .... ○

8. Lies eine Drachenmond Anthologie

Titel: .... Monat: .... ○

9. Lies ein Buch aus einem Genre, das du sonst nicht liest

Titel: .... Monat: .... ○

10. Lies ein Buch mit einem Alexander-Kopainski-Cover

Titel: .... Monat: .... ○

11. Lies einen Klassiker

Titel: .... Monat: .... ○

12. Lies ein Drachenmond Buch, das im Jahr 2018 erschienen ist

Titel: .... Monat: .... ○

MEINE
Lesechallenge

Hier kannst du kreativ werden – gestalte die Seite nach deinem Geschmack

MEIN LESEMONAT

JAN 2024

Neuerscheinungen

Titel & Autor ... Erscheint am

☆ ....

Verlag: .... ◯ Einzelband ◯ Reihe – Band ....

☆ ....

Verlag: .... ◯ Einzelband ◯ Reihe – Band ....

☆ ....

Verlag: .... ◯ Einzelband ◯ Reihe – Band ....

☆ ....

Verlag: .... ◯ Einzelband ◯ Reihe – Band ....

☆ ....

Verlag: .... ◯ Einzelband ◯ Reihe – Band ....

☆ ....

Verlag: .... ◯ Einzelband ◯ Reihe – Band ....

☆ ....

Verlag: .... ◯ Einzelband ◯ Reihe – Band ....

☆ ....

Verlag: .... ◯ Einzelband ◯ Reihe – Band ....

☆ ....

Verlag: .... ◯ Einzelband ◯ Reihe – Band ....

Titel & Autor	Erscheint am
☆ …………………………	…………
Verlag: ………… ○ Einzelband ○ Reihe – Band …………	
☆ …………………………	…………
Verlag: ………… ○ Einzelband ○ Reihe – Band …………	
☆ …………………………	…………
Verlag: ………… ○ Einzelband ○ Reihe – Band …………	
☆ …………………………	…………
Verlag: ………… ○ Einzelband ○ Reihe – Band …………	
☆ …………………………	…………
Verlag: ………… ○ Einzelband ○ Reihe – Band …………	
☆ …………………………	…………
Verlag: ………… ○ Einzelband ○ Reihe – Band …………	
☆ …………………………	…………
Verlag: ………… ○ Einzelband ○ Reihe – Band …………	
☆ …………………………	…………
Verlag: ………… ○ Einzelband ○ Reihe – Band …………	
☆ …………………………	…………
Verlag: ………… ○ Einzelband ○ Reihe – Band …………	

WANT TO READ

··★ TITEL ★··

··★ AUTOR ★··

Genre: ....

Verlag: ....

Buddy Read: ....

Rezensionsexemplar:

··★ TITEL ★··

··★ AUTOR ★··

Genre: ....

Verlag: ....

Buddy Read: ....

Rezensionsexemplar:

··★ TITEL ★··

··★ AUTOR ★··

Genre: ....

Verlag: ....

Buddy Read: ....

Rezensionsexemplar:

··★ TITEL ★··

··★ AUTOR ★··

Genre: ....

Verlag: ....

Buddy Read: ....

Rezensionsexemplar:

··★ TITEL ★··

··★ AUTOR ★··

Genre: ....

Verlag: ....

Buddy Read: ....

Rezensionsexemplar:

··★ TITEL ★··

··★ AUTOR ★··

Genre: ....

Verlag: ....

Buddy Read: ....

Rezensionsexemplar:

TITEL	AUTOR
Genre:	Verlag:
Buddy Read:	Rezensionsexemplar:

TITEL	AUTOR
Genre:	Verlag:
Buddy Read:	Rezensionsexemplar:

TITEL	AUTOR
Genre:	Verlag:
Buddy Read:	Rezensionsexemplar:

TITEL	AUTOR
Genre:	Verlag:
Buddy Read:	Rezensionsexemplar:

TITEL	AUTOR
Genre:	Verlag:
Buddy Read:	Rezensionsexemplar:

TITEL	AUTOR
Genre:	Verlag:
Buddy Read:	Rezensionsexemplar:

Lesemonat

Titel & Autor | Bewertung

○ Heaven Officials Blessing vol 4 ☆☆☆☆☆
Bemerkung: JAN 2024 Seiten:

○ Heaven Officials Blessing vol.5 ☆☆☆☆☆
Bemerkung: JAN 2024 Seiten:

○ Supernatural & Philosophy ☆☆☆☆☆
Bemerkung: JAN 2024 Seiten:

○ ☆☆☆☆☆
Bemerkung: Seiten:

○ ☆☆☆☆☆
Bemerkung: Seiten:

○ ☆☆☆☆☆
Bemerkung: Seiten:

○ ☆☆☆☆☆
Bemerkung: Seiten:

○ ☆☆☆☆☆
Bemerkung: Seiten:

Titel & Autor Bewertung

○ .... ☆☆☆☆☆

Bemerkung: .... Seiten: ....

○ .... ☆☆☆☆☆

Bemerkung: .... Seiten: ....

○ .... ☆☆☆☆☆

Bemerkung: .... Seiten: ....

○ .... ☆☆☆☆☆

Bemerkung: .... Seiten: ....

○ .... ☆☆☆☆☆

Bemerkung: .... Seiten: ....

○ .... ☆☆☆☆☆

Bemerkung: .... Seiten: ....

Bücher: .... Seiten: .... Ø Seiten pro Tag: .... Ø Bewertung: ....

Ordne den Genres Farben zu:

○ Jugendbuch ○ Fantasy ○ Manga & Comic ○ Krimi ○ Biografie ○ ....

○ Liebe & Erotik ○ Roman ○ Thriller & Horror ○ Sci-Fi ○ Historisch ○ ....

Lesemonat

Lieblingsbuch:

HOB Vol 5

Schlechtestes Buch:

—

COVER DES MONATS

Tropes in Büchern

Wähle deine fünf Lieblinge

- Anti-Helden
- Apokalypse
- Für den Bösewicht schwärmen
- Arbeitsplatzromanzen
- Vom hässlichen Entlein zur Beautyqueen
- Alternative Universen
- Verbotene Liebe
- Assassinen
- Starke weibliche Hauptcharaktere
- Der/die Auserwählte
- Plot Twists
- Die verlorene Prinzessin
- Zeitreisen
- Hass-zu-Liebe
- Soulmates
- Wettkämpfe
- Hauptcharakter ist ein Außenseiter
- Heißer Nerd
- Vom Tellerwäscher zum Millionär
- Freundschaft-zu-Liebe
- Dreiecksbeziehungen
- Roadtrips
- Charakter, der Bücher liebt
- Magische Kräfte, ohne es zu wissen

Neuzugänge

1. True Blood Omnibus III (Jan 2024)
☐ Neu ☒ Gebraucht ☐ Rezensionsexemplar ☐ Getauscht

2. ....
☐ Neu ☐ Gebraucht ☐ Rezensionsexemplar ☐ Getauscht

3. ....
☐ Neu ☐ Gebraucht ☐ Rezensionsexemplar ☐ Getauscht

4. ....
☐ Neu ☐ Gebraucht ☐ Rezensionsexemplar ☐ Getauscht

5. ....
☐ Neu ☐ Gebraucht ☐ Rezensionsexemplar ☐ Getauscht

6. ....
☐ Neu ☐ Gebraucht ☐ Rezensionsexemplar ☐ Getauscht

7. ....
☐ Neu ☐ Gebraucht ☐ Rezensionsexemplar ☐ Getauscht

8. ....
☐ Neu ☐ Gebraucht ☐ Rezensionsexemplar ☐ Getauscht

9. ....
☐ Neu ☐ Gebraucht ☐ Rezensionsexemplar ☐ Getauscht

10. ....
☐ Neu ☐ Gebraucht ☐ Rezensionsexemplar ☐ Getauscht

11. ....
☐ Neu ☐ Gebraucht ☐ Rezensionsexemplar ☐ Getauscht

12. ....
☐ Neu ☐ Gebraucht ☐ Rezensionsexemplar ☐ Getauscht

13. ....
☐ Neu ☐ Gebraucht ☐ Rezensionsexemplar ☐ Getauscht

14. ....
☐ Neu ☐ Gebraucht ☐ Rezensionsexemplar ☐ Getauscht

15. ....
☐ Neu ☐ Gebraucht ☐ Rezensionsexemplar ☐ Getauscht

16. ....
☐ Neu ☐ Gebraucht ☐ Rezensionsexemplar ☐ Getauscht

17. ....
☐ Neu ☐ Gebraucht ☐ Rezensionsexemplar ☐ Getauscht

18. ....
☐ Neu ☐ Gebraucht ☐ Rezensionsexemplar ☐ Getauscht

19. ....
☐ Neu ☐ Gebraucht ☐ Rezensionsexemplar ☐ Getauscht

20. ....
☐ Neu ☐ Gebraucht ☐ Rezensionsexemplar ☐ Getauscht

ZITATE

Veränderung belebt uns.
Etwas ändert sich, und nicht zu wissen,
ob es am Ende gut oder schlecht sein wird,
macht es zu einem Abenteuer.

Mondprinzessin
Ava Reed

MEIN
LESEMONAT

FEB 2024

Neuerscheinungen

Titel & Autor **Erscheint am**

☆ ....

Verlag: .... ◯ Einzelband ◯ Reihe – Band ....

☆ ....

Verlag: .... ◯ Einzelband ◯ Reihe – Band ....

☆ ....

Verlag: .... ◯ Einzelband ◯ Reihe – Band ....

☆ ....

Verlag: .... ◯ Einzelband ◯ Reihe – Band ....

☆ ....

Verlag: .... ◯ Einzelband ◯ Reihe – Band ....

☆ ....

Verlag: .... ◯ Einzelband ◯ Reihe – Band ....

☆ ....

Verlag: .... ◯ Einzelband ◯ Reihe – Band ....

☆ ....

Verlag: .... ◯ Einzelband ◯ Reihe – Band ....

☆ ....

Verlag: .... ◯ Einzelband ◯ Reihe – Band ....

Titel & Autor	Erscheint am
☆	....
Verlag: .... ◯ Einzelband ◯ Reihe – Band	
☆	....
Verlag: .... ◯ Einzelband ◯ Reihe – Band	
☆	....
Verlag: .... ◯ Einzelband ◯ Reihe – Band	
☆	....
Verlag: .... ◯ Einzelband ◯ Reihe – Band	
☆	....
Verlag: .... ◯ Einzelband ◯ Reihe – Band	
☆	....
Verlag: .... ◯ Einzelband ◯ Reihe – Band	
☆	....
Verlag: .... ◯ Einzelband ◯ Reihe – Band	
☆	....
Verlag: .... ◯ Einzelband ◯ Reihe – Band	
☆	....
Verlag: .... ◯ Einzelband ◯ Reihe – Band	

WANT TO READ

•★ TITEL ★•

•★ AUTOR ★•

Genre:

Verlag:

Buddy Read: ☆

Rezensionsexemplar: ☆

•★ TITEL ★•

•★ AUTOR ★•

Genre:

Verlag:

Buddy Read: ☆

Rezensionsexemplar: ☆

•★ TITEL ★•

•★ AUTOR ★•

Genre:

Verlag:

Buddy Read: ☆

Rezensionsexemplar: ☆

•★ TITEL ★•

•★ AUTOR ★•

Genre:

Verlag:

Buddy Read: ☆

Rezensionsexemplar: ☆

•★ TITEL ★•

•★ AUTOR ★•

Genre:

Verlag:

Buddy Read: ☆

Rezensionsexemplar: ☆

•★ TITEL ★•

•★ AUTOR ★•

Genre:

Verlag:

Buddy Read: ☆

Rezensionsexemplar: ☆

Titel & Autor | Bewertung

○ .... ☆☆☆☆☆

Bemerkung: .... Seiten: ....

○ .... ☆☆☆☆☆

Bemerkung: .... Seiten: ....

○ .... ☆☆☆☆☆

Bemerkung: .... Seiten: ....

○ .... ☆☆☆☆☆

Bemerkung: .... Seiten: ....

○ .... ☆☆☆☆☆

Bemerkung: .... Seiten: ....

○ .... ☆☆☆☆☆

Bemerkung: .... Seiten: ....

Bücher: .... Seiten: .... Ø Seiten pro Tag: .... Ø Bewertung: ....

Ordne den Genres Farben zu:

○ Jugendbuch ○ Fantasy ○ Manga & Comic ○ Krimi ○ Biografie ○ ....

○ Liebe & Erotik ○ Roman ○ Thriller & Horror ○ Sci-Fi ○ Historisch ○ ....

Lesemonat

Lieblingsbuch:

True Blood

Schlechtestes Buch:

COVER DES MONATS

11. ....

☐ Neu ☐ Gebraucht ☐ Rezensionsexemplar ☐ Getauscht

12. ....

☐ Neu ☐ Gebraucht ☐ Rezensionsexemplar ☐ Getauscht

13. ....

☐ Neu ☐ Gebraucht ☐ Rezensionsexemplar ☐ Getauscht

14. ....

☐ Neu ☐ Gebraucht ☐ Rezensionsexemplar ☐ Getauscht

15. ....

☐ Neu ☐ Gebraucht ☐ Rezensionsexemplar ☐ Getauscht

16. ....

☐ Neu ☐ Gebraucht ☐ Rezensionsexemplar ☐ Getauscht

17. ....

☐ Neu ☐ Gebraucht ☐ Rezensionsexemplar ☐ Getauscht

18. ....

☐ Neu ☐ Gebraucht ☐ Rezensionsexemplar ☐ Getauscht

19. ....

☐ Neu ☐ Gebraucht ☐ Rezensionsexemplar ☐ Getauscht

20. ....

☐ Neu ☐ Gebraucht ☐ Rezensionsexemplar ☐ Getauscht

ZITATE

Das Leben besteht aus Momenten, in denen man fällt, und solchen, in denen man sich wieder erhebt.

Mondlichtkrieger
Ava Reed

Hier kannst du kreativ werden – gestalte die Seite nach deinem Geschmack

MEIN
LESEMONAT

März 2024

Neuerscheinungen

Titel & Autor — Erscheint am

☆ 27.01.24 The Phoenix Bride

Verlag: ○ Einzelband ○ Reihe – Band

☆

Verlag: ○ Einzelband ○ Reihe – Band

☆

Verlag: ○ Einzelband ○ Reihe – Band

☆

Verlag: ○ Einzelband ○ Reihe – Band

☆

Verlag: ○ Einzelband ○ Reihe – Band

☆

Verlag: ○ Einzelband ○ Reihe – Band

☆

Verlag: ○ Einzelband ○ Reihe – Band

☆

Verlag: ○ Einzelband ○ Reihe – Band

☆

Verlag: ○ Einzelband ○ Reihe – Band

Titel & Autor	Erscheint am

☆ ....
Verlag: .... ◯ Einzelband ◯ Reihe – Band ....

☆ ....
Verlag: .... ◯ Einzelband ◯ Reihe – Band ....

☆ ....
Verlag: .... ◯ Einzelband ◯ Reihe – Band ....

☆ ....
Verlag: .... ◯ Einzelband ◯ Reihe – Band ....

☆ ....
Verlag: .... ◯ Einzelband ◯ Reihe – Band ....

☆ ....
Verlag: .... ◯ Einzelband ◯ Reihe – Band ....

☆ ....
Verlag: .... ◯ Einzelband ◯ Reihe – Band ....

☆ ....
Verlag: .... ◯ Einzelband ◯ Reihe – Band ....

☆ ....
Verlag: .... ◯ Einzelband ◯ Reihe – Band ....

WANT TO READ

·•★ TITEL ★•· | ·•★ AUTOR ★•·

Genre: .... Verlag: ....

Buddy Read: .... ☆ Rezensionsexemplar: ☆

·•★ TITEL ★•· | ·•★ AUTOR ★•·

Genre: .... Verlag: ....

Buddy Read: .... ☆ Rezensionsexemplar: ☆

·•★ TITEL ★•· | ·•★ AUTOR ★•·

Genre: .... Verlag: ....

Buddy Read: .... ☆ Rezensionsexemplar: ☆

·•★ TITEL ★•· | ·•★ AUTOR ★•·

Genre: .... Verlag: ....

Buddy Read: .... ☆ Rezensionsexemplar: ☆

·•★ TITEL ★•· | ·•★ AUTOR ★•·

Genre: .... Verlag: ....

Buddy Read: .... ☆ Rezensionsexemplar: ☆

·•★ TITEL ★•· | ·•★ AUTOR ★•·

Genre: .... Verlag: ....

Buddy Read: .... ☆ Rezensionsexemplar: ☆

TITEL

AUTOR

Genre:

Verlag:

Buddy Read:

Rezensionsexemplar:

TITEL

AUTOR

Genre:

Verlag:

Buddy Read:

Rezensionsexemplar:

TITEL

AUTOR

Genre:

Verlag:

Buddy Read:

Rezensionsexemplar:

TITEL

AUTOR

Genre:

Verlag:

Buddy Read:

Rezensionsexemplar:

TITEL

AUTOR

Genre:

Verlag:

Buddy Read:

Rezensionsexemplar:

TITEL

AUTOR

Genre:

Verlag:

Buddy Read:

Rezensionsexemplar:

Lesemonat

Titel & Autor Bewertung

○ ☆☆☆☆☆

Bemerkung: Seiten:

○ ☆☆☆☆☆

Bemerkung: Seiten:

○ ☆☆☆☆☆

Bemerkung: Seiten:

○ ☆☆☆☆☆

Bemerkung: Seiten:

○ ☆☆☆☆☆

Bemerkung: Seiten:

○ ☆☆☆☆☆

Bemerkung: Seiten:

○ ☆☆☆☆☆

Bemerkung: Seiten:

○ ☆☆☆☆☆

Bemerkung: Seiten:

Titel & Autor | Bewertung

◯ .... ☆☆☆☆☆

Bemerkung: .... Seiten: ....

◯ .... ☆☆☆☆☆

Bemerkung: .... Seiten: ....

◯ .... ☆☆☆☆☆

Bemerkung: .... Seiten: ....

◯ .... ☆☆☆☆☆

Bemerkung: .... Seiten: ....

◯ .... ☆☆☆☆☆

Bemerkung: .... Seiten: ....

◯ .... ☆☆☆☆☆

Bemerkung: .... Seiten: ....

Bücher: .... Seiten: .... Ø Seiten pro Tag: .... Ø Bewertung: ....

Ordne den Genres Farben zu:

◯ Jugendbuch ◯ Fantasy ◯ Manga & Comic ◯ Krimi ◯ Biografie ◯ ....

◯ Liebe & Erotik ◯ Roman ◯ Thriller & Horror ◯ Sci-Fi ◯ Historisch ◯ ....

Lesemonat

Lieblingsbuch:

....

Schlechtestes Buch:

....

COVER DES MONATS

Deine Buchkerze

NAME

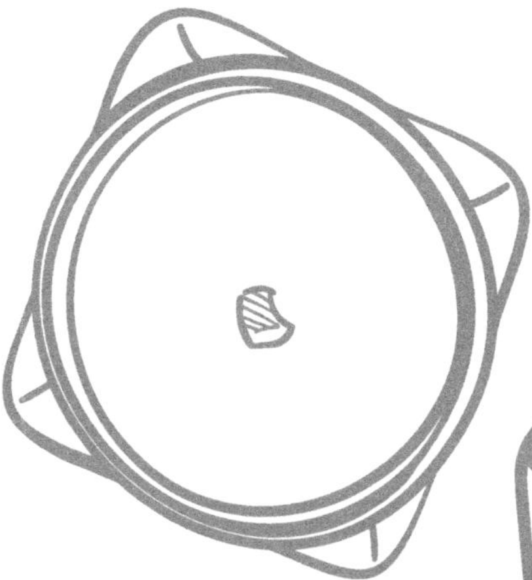

Duftrichtung

....

....

....

Buchtitel

....

@misshanamisbookdreams

Neuzugänge

1. ....
☐ Neu ☐ Gebraucht ☐ Rezensionsexemplar ☐ Getauscht

2. ....
☐ Neu ☐ Gebraucht ☐ Rezensionsexemplar ☐ Getauscht

3. ....
☐ Neu ☐ Gebraucht ☐ Rezensionsexemplar ☐ Getauscht

4. ....
☐ Neu ☐ Gebraucht ☐ Rezensionsexemplar ☐ Getauscht

5. ....
☐ Neu ☐ Gebraucht ☐ Rezensionsexemplar ☐ Getauscht

6. ....
☐ Neu ☐ Gebraucht ☐ Rezensionsexemplar ☐ Getauscht

7. ....
☐ Neu ☐ Gebraucht ☐ Rezensionsexemplar ☐ Getauscht

8. ....
☐ Neu ☐ Gebraucht ☐ Rezensionsexemplar ☐ Getauscht

9. ....
☐ Neu ☐ Gebraucht ☐ Rezensionsexemplar ☐ Getauscht

10. ....
☐ Neu ☐ Gebraucht ☐ Rezensionsexemplar ☐ Getauscht

11. ....
☐ Neu ☐ Gebraucht ☐ Rezensionsexemplar ☐ Getauscht

12. ....
☐ Neu ☐ Gebraucht ☐ Rezensionsexemplar ☐ Getauscht

13. ....
☐ Neu ☐ Gebraucht ☐ Rezensionsexemplar ☐ Getauscht

14. ....
☐ Neu ☐ Gebraucht ☐ Rezensionsexemplar ☐ Getauscht

15. ....
☐ Neu ☐ Gebraucht ☐ Rezensionsexemplar ☐ Getauscht

16. ....
☐ Neu ☐ Gebraucht ☐ Rezensionsexemplar ☐ Getauscht

17. ....
☐ Neu ☐ Gebraucht ☐ Rezensionsexemplar ☐ Getauscht

18. ....
☐ Neu ☐ Gebraucht ☐ Rezensionsexemplar ☐ Getauscht

19. ....
☐ Neu ☐ Gebraucht ☐ Rezensionsexemplar ☐ Getauscht

20. ....
☐ Neu ☐ Gebraucht ☐ Rezensionsexemplar ☐ Getauscht

ZITATE

»Liebe«, flüsterte Giulia.
»Liebe ist wie Magie?«
Avery nickte und sah weg.
»Ich würde sagen,
es ist ihre stärkste Form.«

Uhrwerk der Unsterblichkeit
Alexander Kopainski

MEIN
LESEMONAT

April 2024

Neuerscheinungen

Titel & Autor	Erscheint am
☆	....
Verlag: .... ○ Einzelband ○ Reihe – Band	
☆	....
Verlag: .... ○ Einzelband ○ Reihe – Band	
☆	....
Verlag: .... ○ Einzelband ○ Reihe – Band	
☆	....
Verlag: .... ○ Einzelband ○ Reihe – Band	
☆	....
Verlag: .... ○ Einzelband ○ Reihe – Band	
☆	....
Verlag: .... ○ Einzelband ○ Reihe – Band	
☆	....
Verlag: .... ○ Einzelband ○ Reihe – Band	
☆	....
Verlag: .... ○ Einzelband ○ Reihe – Band	
☆	....
Verlag: .... ○ Einzelband ○ Reihe – Band	

Titel & Autor	Erscheint am
☆	....
Verlag: .... ◯ Einzelband ◯ Reihe – Band	
☆	....
Verlag: .... ◯ Einzelband ◯ Reihe – Band	
☆	....
Verlag: .... ◯ Einzelband ◯ Reihe – Band	
☆	....
Verlag: .... ◯ Einzelband ◯ Reihe – Band	
☆	....
Verlag: .... ◯ Einzelband ◯ Reihe – Band	
☆	....
Verlag: .... ◯ Einzelband ◯ Reihe – Band	
☆	....
Verlag: .... ◯ Einzelband ◯ Reihe – Band	
☆	....
Verlag: .... ◯ Einzelband ◯ Reihe – Band	
☆	....
Verlag: .... ◯ Einzelband ◯ Reihe – Band	

WANT TO READ

•★ TITEL ★•

•★ AUTOR ★•

Genre:

Verlag:

Buddy Read: ☆

Rezensionsexemplar: ☆

•★ TITEL ★•

•★ AUTOR ★•

Genre:

Verlag:

Buddy Read: ☆

Rezensionsexemplar: ☆

•★ TITEL ★•

•★ AUTOR ★•

Genre:

Verlag:

Buddy Read: ☆

Rezensionsexemplar: ☆

•★ TITEL ★•

•★ AUTOR ★•

Genre:

Verlag:

Buddy Read: ☆

Rezensionsexemplar: ☆

•★ TITEL ★•

•★ AUTOR ★•

Genre:

Verlag:

Buddy Read: ☆

Rezensionsexemplar: ☆

•★ TITEL ★•

•★ AUTOR ★•

Genre:

Verlag:

Buddy Read: ☆

Rezensionsexemplar: ☆

TITEL | AUTOR

Genre: .... Verlag: ....

Buddy Read: .... ☆ Rezensionsexemplar: ☆

TITEL | AUTOR

Genre: .... Verlag: ....

Buddy Read: .... ☆ Rezensionsexemplar: ☆

TITEL | AUTOR

Genre: .... Verlag: ....

Buddy Read: .... ☆ Rezensionsexemplar: ☆

TITEL | AUTOR

Genre: .... Verlag: ....

Buddy Read: .... ☆ Rezensionsexemplar: ☆

TITEL | AUTOR

Genre: .... Verlag: ....

Buddy Read: .... ☆ Rezensionsexemplar: ☆

TITEL | AUTOR

Genre: .... Verlag: ....

Buddy Read: .... ☆ Rezensionsexemplar: ☆

Lesemonat

Titel & Autor **Bewertung**

○ .... ☆☆☆☆☆

Bemerkung: .... Seiten: ....

○ .... ☆☆☆☆☆

Bemerkung: .... Seiten: ....

○ .... ☆☆☆☆☆

Bemerkung: .... Seiten: ....

○ .... ☆☆☆☆☆

Bemerkung: .... Seiten: ....

○ .... ☆☆☆☆☆

Bemerkung: .... Seiten: ....

○ .... ☆☆☆☆☆

Bemerkung: .... Seiten: ....

○ .... ☆☆☆☆☆

Bemerkung: .... Seiten: ....

○ .... ☆☆☆☆☆

Bemerkung: .... Seiten: ....

Titel & Autor Bewertung

○ .... ☆☆☆☆☆

Bemerkung: .... Seiten: ....

○ .... ☆☆☆☆☆

Bemerkung: .... Seiten: ....

○ .... ☆☆☆☆☆

Bemerkung: .... Seiten: ....

○ .... ☆☆☆☆☆

Bemerkung: .... Seiten: ....

○ .... ☆☆☆☆☆

Bemerkung: .... Seiten: ....

○ .... ☆☆☆☆☆

Bemerkung: .... Seiten: ....

Bücher: .... **Seiten:** .... **Ø Seiten pro Tag:** .... **Ø Bewertung:** ....

Ordne den Genres Farben zu:

○ Jugendbuch ○ Fantasy ○ Manga & Comic ○ Krimi ○ Biografie ○ ....

○ Liebe & Erotik ○ Roman ○ Thriller & Horror ○ Sci-Fi ○ Historisch ○ ....

Lesemonat

Lieblingsbuch:

Schlechtestes Buch:

COVER DES MONATS

Dein Bookish BOYFRIEND

OPTIK

Augenfarbe ☆ Blau ☆ Grün ☆ Braun ☆ Fantasy-Farbe:..................

Haarfarbe ☆ Blond ☆ Schwarz ☆ Braun ☆ Andere Farbe:................

Größe: .... m Alter: .... Style: ....

CHARAKTER

Verbinde jeweils eine Eigenschaft mit einer Punktzahl

treu spontan ordentlich ehrgeizig familiär

humorvoll sportlich ehrlich romantisch intelligent

1PT 2PT 3PT 4PT 5PT 6PT 7PT 8PT 9PT 10PT

Hobbys ....

WÄHLE MAXIMAL ZWEI

☆ Märchenprinz | ☆ Bad Boy | ☆ Hipster | ☆ Elf

☆ Vampir | ☆ Engel | ☆ Zauberer | ☆ Millionär

Name: .... Job: ....

@misshanamisbookdreams

Neuzugänge

1. ....

☐ Neu ☐ Gebraucht ☐ Rezensionsexemplar ☐ Getauscht

2. ....

☐ Neu ☐ Gebraucht ☐ Rezensionsexemplar ☐ Getauscht

3. ....

☐ Neu ☐ Gebraucht ☐ Rezensionsexemplar ☐ Getauscht

4. ....

☐ Neu ☐ Gebraucht ☐ Rezensionsexemplar ☐ Getauscht

5. ....

☐ Neu ☐ Gebraucht ☐ Rezensionsexemplar ☐ Getauscht

6. ....

☐ Neu ☐ Gebraucht ☐ Rezensionsexemplar ☐ Getauscht

7. ....

☐ Neu ☐ Gebraucht ☐ Rezensionsexemplar ☐ Getauscht

8. ....

☐ Neu ☐ Gebraucht ☐ Rezensionsexemplar ☐ Getauscht

9. ....

☐ Neu ☐ Gebraucht ☐ Rezensionsexemplar ☐ Getauscht

10. ....

☐ Neu ☐ Gebraucht ☐ Rezensionsexemplar ☐ Getauscht

11. ....
☐ Neu ☐ Gebraucht ☐ Rezensionsexemplar ☐ Getauscht

12. ....
☐ Neu ☐ Gebraucht ☐ Rezensionsexemplar ☐ Getauscht

13. ....
☐ Neu ☐ Gebraucht ☐ Rezensionsexemplar ☐ Getauscht

14. ....
☐ Neu ☐ Gebraucht ☐ Rezensionsexemplar ☐ Getauscht

15. ....
☐ Neu ☐ Gebraucht ☐ Rezensionsexemplar ☐ Getauscht

16. ....
☐ Neu ☐ Gebraucht ☐ Rezensionsexemplar ☐ Getauscht

17. ....
☐ Neu ☐ Gebraucht ☐ Rezensionsexemplar ☐ Getauscht

18. ....
☐ Neu ☐ Gebraucht ☐ Rezensionsexemplar ☐ Getauscht

19. ....
☐ Neu ☐ Gebraucht ☐ Rezensionsexemplar ☐ Getauscht

20. ....
☐ Neu ☐ Gebraucht ☐ Rezensionsexemplar ☐ Getauscht

ZITATE

Sie war seine Sonne gewesen.
Und er hätte ihr die Sterne
vom Himmel geholt.
Jetzt – ohne sie – kam ihm die
Welt kalt und leer vor ...

Captum Born. Twice.
Isabel Kritzer

Hier kannst du kreativ werden – gestalte die Seite nach deinem Geschmack

MEIN LESEMONAT

Mai 2024

Neuerscheinungen

Titel & Autor Erscheint am

☆ ....

Verlag: .... ◯ Einzelband ◯ Reihe – Band ....

☆ ....

Verlag: .... ◯ Einzelband ◯ Reihe – Band ....

☆ ....

Verlag: .... ◯ Einzelband ◯ Reihe – Band ....

☆ ....

Verlag: .... ◯ Einzelband ◯ Reihe – Band ....

☆ ....

Verlag: .... ◯ Einzelband ◯ Reihe – Band ....

☆ ....

Verlag: .... ◯ Einzelband ◯ Reihe – Band ....

☆ ....

Verlag: .... ◯ Einzelband ◯ Reihe – Band ....

☆ ....

Verlag: .... ◯ Einzelband ◯ Reihe – Band ....

☆ ....

Verlag: .... ◯ Einzelband ◯ Reihe – Band ....

Titel & Autor Erscheint am

☆ ....

Verlag: .... ◯ Einzelband ◯ Reihe – Band ....

☆ ....

Verlag: .... ◯ Einzelband ◯ Reihe – Band ....

☆ ....

Verlag: .... ◯ Einzelband ◯ Reihe – Band ....

☆ ....

Verlag: .... ◯ Einzelband ◯ Reihe – Band ....

☆ ....

Verlag: .... ◯ Einzelband ◯ Reihe – Band ....

☆ ....

Verlag: .... ◯ Einzelband ◯ Reihe – Band ....

☆ ....

Verlag: .... ◯ Einzelband ◯ Reihe – Band ....

☆ ....

Verlag: .... ◯ Einzelband ◯ Reihe – Band ....

☆ ....

Verlag: .... ◯ Einzelband ◯ Reihe – Band ....

WANT TO READ

TITEL | AUTOR

Genre: Verlag:

Buddy Read: Rezensionsexemplar:

TITEL | AUTOR

Genre: Verlag:

Buddy Read: Rezensionsexemplar:

TITEL | AUTOR

Genre: Verlag:

Buddy Read: Rezensionsexemplar:

TITEL | AUTOR

Genre: Verlag:

Buddy Read: Rezensionsexemplar:

TITEL | AUTOR

Genre: Verlag:

Buddy Read: Rezensionsexemplar:

TITEL | AUTOR

Genre: Verlag:

Buddy Read: Rezensionsexemplar:

TITEL

AUTOR

Genre: ....

Verlag: ....

Buddy Read: ....

Rezensionsexemplar:

TITEL

AUTOR

Genre: ....

Verlag: ....

Buddy Read: ....

Rezensionsexemplar:

TITEL

AUTOR

Genre: ....

Verlag: ....

Buddy Read: ....

Rezensionsexemplar:

TITEL

AUTOR

Genre: ....

Verlag: ....

Buddy Read: ....

Rezensionsexemplar:

TITEL

AUTOR

Genre: ....

Verlag: ....

Buddy Read: ....

Rezensionsexemplar:

TITEL

AUTOR

Genre: ....

Verlag: ....

Buddy Read: ....

Rezensionsexemplar:

Lesemonat

Titel & Autor **Bewertung**

○ ☆☆☆☆☆

Bemerkung: Seiten:

○ ☆☆☆☆☆

Bemerkung: Seiten:

○ ☆☆☆☆☆

Bemerkung: Seiten:

○ ☆☆☆☆☆

Bemerkung: Seiten:

○ ☆☆☆☆☆

Bemerkung: Seiten:

○ ☆☆☆☆☆

Bemerkung: Seiten:

○ ☆☆☆☆☆

Bemerkung: Seiten:

○ ☆☆☆☆☆

Bemerkung: Seiten:

Titel & Autor Bewertung

○ .... ☆☆☆☆☆

Bemerkung: .... Seiten: ....

○ .... ☆☆☆☆☆

Bemerkung: .... Seiten: ....

○ .... ☆☆☆☆☆

Bemerkung: .... Seiten: ....

○ .... ☆☆☆☆☆

Bemerkung: .... Seiten: ....

○ .... ☆☆☆☆☆

Bemerkung: .... Seiten: ....

○ .... ☆☆☆☆☆

Bemerkung: .... Seiten: ....

Bücher: .... Seiten: .... Ø Seiten pro Tag: .... Ø Bewertung: ....

Ordne den Genres Farben zu:

○ Jugendbuch ○ Fantasy ○ Manga & Comic ○ Krimi ○ Biografie ○ ....

○ Liebe & Erotik ○ Roman ○ Thriller & Horror ○ Sci-Fi ○ Historisch ○ ....

Lesemonat

Lieblingsbuch:

Schlechtestes Buch:

COVER DES MONATS

Deine Fantasy GESCHICHTE

Du kannst mehrere Optionen auswählen

Wo spielt deine Geschichte?

1. ☆ Auf der Erde ☆ An einem Fantasieort

2. ☆ Stadt ☆ Reise ☆ Piratenschiff ☆ Zauberwald ☆ Märchenschloss ☆ Weltall ☆ Schule ☆ Im Meer

In welcher Zeit spielt deine Geschichte?

3. ....

Was für ein Charakter bist du?

4. ☆ Magier ☆ Mensch ☆ Prinzessin ☆ Hexe ☆ Elf ☆ Meerjungfrau ☆ Drache ☆ Halbgott ☆ Gestaltwandler ☆ Assassine ☆ Zeitreisender

5. ☆ Wächter ☆ Anführer ☆ Kämpfer ☆ Antiheld ☆ Bösewicht ☆ Rebell ☆ Held ☆ Loveinterest

6. Gibt es eine Lovestory? .... Wer ist dein Sidekick? ....

Titel: ....

@misshanamisbookdreams

Neuzugänge

1. ....

☐ Neu ☐ Gebraucht ☐ Rezensionsexemplar ☐ Getauscht

2. ....

☐ Neu ☐ Gebraucht ☐ Rezensionsexemplar ☐ Getauscht

3. ....

☐ Neu ☐ Gebraucht ☐ Rezensionsexemplar ☐ Getauscht

4. ....

☐ Neu ☐ Gebraucht ☐ Rezensionsexemplar ☐ Getauscht

5. ....

☐ Neu ☐ Gebraucht ☐ Rezensionsexemplar ☐ Getauscht

6. ....

☐ Neu ☐ Gebraucht ☐ Rezensionsexemplar ☐ Getauscht

7. ....

☐ Neu ☐ Gebraucht ☐ Rezensionsexemplar ☐ Getauscht

8. ....

☐ Neu ☐ Gebraucht ☐ Rezensionsexemplar ☐ Getauscht

9. ....

☐ Neu ☐ Gebraucht ☐ Rezensionsexemplar ☐ Getauscht

10. ....

☐ Neu ☐ Gebraucht ☐ Rezensionsexemplar ☐ Getauscht

11. ....
☐ Neu ☐ Gebraucht ☐ Rezensionsexemplar ☐ Getauscht

12. ....
☐ Neu ☐ Gebraucht ☐ Rezensionsexemplar ☐ Getauscht

13. ....
☐ Neu ☐ Gebraucht ☐ Rezensionsexemplar ☐ Getauscht

14. ....
☐ Neu ☐ Gebraucht ☐ Rezensionsexemplar ☐ Getauscht

15. ....
☐ Neu ☐ Gebraucht ☐ Rezensionsexemplar ☐ Getauscht

16. ....
☐ Neu ☐ Gebraucht ☐ Rezensionsexemplar ☐ Getauscht

17. ....
☐ Neu ☐ Gebraucht ☐ Rezensionsexemplar ☐ Getauscht

18. ....
☐ Neu ☐ Gebraucht ☐ Rezensionsexemplar ☐ Getauscht

19. ....
☐ Neu ☐ Gebraucht ☐ Rezensionsexemplar ☐ Getauscht

20. ....
☐ Neu ☐ Gebraucht ☐ Rezensionsexemplar ☐ Getauscht

ZITATE

Eine Karte.
Geschaffen aus den Träumen des Teufels.
Festgehalten durch eine menschliche Hand.

Living Legends
Maja Köllinger

MEIN
LESEMONAT

Juni 2024

Neuerscheinungen

Titel & Autor | Erscheint am

☆ ....

Verlag: .... ◯ Einzelband ◯ Reihe – Band ....

☆ ....

Verlag: .... ◯ Einzelband ◯ Reihe – Band ....

☆ ....

Verlag: .... ◯ Einzelband ◯ Reihe – Band ....

☆ ....

Verlag: .... ◯ Einzelband ◯ Reihe – Band ....

☆ ....

Verlag: .... ◯ Einzelband ◯ Reihe – Band ....

☆ ....

Verlag: .... ◯ Einzelband ◯ Reihe – Band ....

☆ ....

Verlag: .... ◯ Einzelband ◯ Reihe – Band ....

☆ ....

Verlag: .... ◯ Einzelband ◯ Reihe – Band ....

☆ ....

Verlag: .... ◯ Einzelband ◯ Reihe – Band ....

Titel & Autor | Erscheint am

☆ ....

Verlag: .... ◯ Einzelband ◯ Reihe – Band ....

☆ ....

Verlag: .... ◯ Einzelband ◯ Reihe – Band ....

☆ ....

Verlag: .... ◯ Einzelband ◯ Reihe – Band ....

☆ ....

Verlag: .... ◯ Einzelband ◯ Reihe – Band ....

☆ ....

Verlag: .... ◯ Einzelband ◯ Reihe – Band ....

☆ ....

Verlag: .... ◯ Einzelband ◯ Reihe – Band ....

☆ ....

Verlag: .... ◯ Einzelband ◯ Reihe – Band ....

☆ ....

Verlag: .... ◯ Einzelband ◯ Reihe – Band ....

☆ ....

Verlag: .... ◯ Einzelband ◯ Reihe – Band ....

WANT TO READ

·•★ TITEL ★•·

·•★ AUTOR ★•·

Genre:

Verlag:

Buddy Read: ☆

Rezensionsexemplar: ☆

·•★ TITEL ★•·

·•★ AUTOR ★•·

Genre:

Verlag:

Buddy Read: ☆

Rezensionsexemplar: ☆

·•★ TITEL ★•·

·•★ AUTOR ★•·

Genre:

Verlag:

Buddy Read: ☆

Rezensionsexemplar: ☆

·•★ TITEL ★•·

·•★ AUTOR ★•·

Genre:

Verlag:

Buddy Read: ☆

Rezensionsexemplar: ☆

·•★ TITEL ★•·

·•★ AUTOR ★•·

Genre:

Verlag:

Buddy Read: ☆

Rezensionsexemplar: ☆

·•★ TITEL ★•·

·•★ AUTOR ★•·

Genre:

Verlag:

Buddy Read: ☆

Rezensionsexemplar: ☆

TITEL | AUTOR
Genre: .... | Verlag: ....
Buddy Read: .... ☆ | Rezensionsexemplar: ☆

TITEL | AUTOR
Genre: .... | Verlag: ....
Buddy Read: .... ☆ | Rezensionsexemplar: ☆

TITEL | AUTOR
Genre: .... | Verlag: ....
Buddy Read: .... ☆ | Rezensionsexemplar: ☆

TITEL | AUTOR
Genre: .... | Verlag: ....
Buddy Read: .... ☆ | Rezensionsexemplar: ☆

TITEL | AUTOR
Genre: .... | Verlag: ....
Buddy Read: .... ☆ | Rezensionsexemplar: ☆

TITEL | AUTOR
Genre: .... | Verlag: ....
Buddy Read: .... ☆ | Rezensionsexemplar: ☆

Lesemonat

Titel & Autor Bewertung

○ ☆☆☆☆☆

Bemerkung: Seiten:

○ ☆☆☆☆☆

Bemerkung: Seiten:

○ ☆☆☆☆☆

Bemerkung: Seiten:

○ ☆☆☆☆☆

Bemerkung: Seiten:

○ ☆☆☆☆☆

Bemerkung: Seiten:

○ ☆☆☆☆☆

Bemerkung: Seiten:

○ ☆☆☆☆☆

Bemerkung: Seiten:

○ ☆☆☆☆☆

Bemerkung: Seiten:

Titel & Autor	Bewertung
◯	☆☆☆☆☆
Bemerkung:	Seiten: ....
◯	☆☆☆☆☆
Bemerkung:	Seiten: ....
◯	☆☆☆☆☆
Bemerkung:	Seiten: ....
◯	☆☆☆☆☆
Bemerkung:	Seiten: ....
◯	☆☆☆☆☆
Bemerkung:	Seiten: ....
◯	☆☆☆☆☆
Bemerkung:	Seiten: ....

Bücher: .... Seiten: .... Ø Seiten pro Tag: .... Ø Bewertung: ....

Ordne den Genres Farben zu:

◯ Jugendbuch ◯ Fantasy ◯ Manga & Comic ◯ Krimi ◯ Biografie ◯ ....

◯ Liebe & Erotik ◯ Roman ◯ Thriller & Horror ◯ Sci-Fi ◯ Historisch ◯ ....

Lesemonat

Lieblingsbuch:

....

Schlechtestes Buch:

....

COVER DES MONATS

Reader Types

Welche drei treffen auf dich zu?

Leser, der seine Bücher (zu sehr) liebt

Der Klassiker-only-Leser

Der Textstellen-Markierer

Nach-Bewertung-Käufer

Original-language-only

Störe mich ja nicht beim Lesen

Der emotionale Leser

Der Leser, der andere spoilert

Das Fangirl/ der Fanboy

Der Leser, der 100 Bücher auf einmal liest

Der Buchmörder

Der Leser, der sich nicht entscheiden kann

Neuzugänge

1. ....

☐ Neu ☐ Gebraucht ☐ Rezensionsexemplar ☐ Getauscht

2. ....

☐ Neu ☐ Gebraucht ☐ Rezensionsexemplar ☐ Getauscht

3. ....

☐ Neu ☐ Gebraucht ☐ Rezensionsexemplar ☐ Getauscht

4. ....

☐ Neu ☐ Gebraucht ☐ Rezensionsexemplar ☐ Getauscht

5. ....

☐ Neu ☐ Gebraucht ☐ Rezensionsexemplar ☐ Getauscht

6. ....

☐ Neu ☐ Gebraucht ☐ Rezensionsexemplar ☐ Getauscht

7. ....

☐ Neu ☐ Gebraucht ☐ Rezensionsexemplar ☐ Getauscht

8. ....

☐ Neu ☐ Gebraucht ☐ Rezensionsexemplar ☐ Getauscht

9. ....

☐ Neu ☐ Gebraucht ☐ Rezensionsexemplar ☐ Getauscht

10. ....

☐ Neu ☐ Gebraucht ☐ Rezensionsexemplar ☐ Getauscht

11. ....
☐ Neu ☐ Gebraucht ☐ Rezensionsexemplar ☐ Getauscht

12. ....
☐ Neu ☐ Gebraucht ☐ Rezensionsexemplar ☐ Getauscht

13. ....
☐ Neu ☐ Gebraucht ☐ Rezensionsexemplar ☐ Getauscht

14. ....
☐ Neu ☐ Gebraucht ☐ Rezensionsexemplar ☐ Getauscht

15. ....
☐ Neu ☐ Gebraucht ☐ Rezensionsexemplar ☐ Getauscht

16. ....
☐ Neu ☐ Gebraucht ☐ Rezensionsexemplar ☐ Getauscht

17. ....
☐ Neu ☐ Gebraucht ☐ Rezensionsexemplar ☐ Getauscht

18. ....
☐ Neu ☐ Gebraucht ☐ Rezensionsexemplar ☐ Getauscht

19. ....
☐ Neu ☐ Gebraucht ☐ Rezensionsexemplar ☐ Getauscht

20. ....
☐ Neu ☐ Gebraucht ☐ Rezensionsexemplar ☐ Getauscht

ZITATE

„Er war wie ein Rätsel, das es zu entschlüsseln galt, ein Geheimnis, das ich erkunden wollte, und egal, wie lange ich dafür Zeit haben würde, ich könnte ihn doch nie ganz ergründen."

Animant Crumbs Staubchronik
Lin Rina

10 Tipps zum Schreiben von Ava Reed

1. Suche und finde eine Idee, die du selbst liebst und die du wirklich aufschreiben willst.

2. Erstelle einen Plan. Wie soll die Geschichte verlaufen? Was soll darin vorkommen? Wie soll es ausgehen? Das nennt man plotten. Das kannst du in vielen Formen machen, ausführlich oder grob, als Mind Map oder Text, auf Papier oder dem PC. Tob dich aus!

3. Kill your darlings. Das gilt nicht nur für geschriebene Textstellen, sondern auch für Ideen oder das Plotten (Planen). Wenn etwas keinen Sinn macht und die Geschichte nicht voranbringt, ändere es, finde Alternativen. So schwer es auch sein kann.

4. Fang an zu schreiben! Das ist das Wichtigste, das Schwerste und Leichteste zugleich. Ein weißes Papier, die Zweifel, die dich überkommen, vielleicht auch Angst. Fang an. Tu es! Überarbeiten kannst du am Ende alles, aber zuerst musst du dich trauen, anzufangen. Finde einen Platz zum Schreiben, an dem du dich wohlfühlst.

5. Setz dir Tages- oder Wochenziele. Möchtest du heute ein Kapitel schreiben? Oder dreihundert Wörter? Möchtest du die fünfzig Seiten im Manuskript knacken? Ziele zu setzen hilft zu motivieren und zeigt dir, was du schon geschafft hast. Es ist wichtig, sich selbst loben zu können.

6. Geh mit dem Flow. Was das heißt? Nicht immer ist es nützlich, Dinge zu erzwingen. Es ist gut, eine Schreibroutine zu finden, sich regelmäßig dranzusetzen, zu schreiben und zu üben, aber manchmal muss man sich eingestehen, dass der Flow gerade nicht fließt und es am nächsten Tag noch mal versuchen. Das ist okay. Mach dir nicht zu viel Druck. Das kann blockieren.

7. Schreiben macht nicht einsam! Vernetze dich. Es gibt viele Menschen, die gerne schreiben und die Autoren werden möchten. Tausch dich aus, hol dir Tipps und Hilfe wenn nötig und bleib in Kontakt. Das macht Spaß und kann dir Motivation geben. Umgib dich mit positiven Menschen. Und hilf anderen, wenn du kannst.

8. Finde deinen Rhythmus und Stil. Heißt: Jeder schreibt anders und nicht gleich schnell. Probiere Dinge aus, schau, was sich besser anfühlt. Schreibst du gerne im Präsens? Schreibst du gerne aus zwei Perspektiven? Man merkt irgendwann, was passt und was nicht. So ist es auch beim Rhythmus. Andere schaffen vielleicht fünftausend Wörter an einem Tag. Du nur einhundert. Ja und? Einhundert sind mehr als nichts. Morgen sind es mehr oder weniger. Es ist egal. Du schreibst. Das zählt.

9. Nichts funktioniert? Eine Flaute kennen wir alle. Es ist nicht schlimm, seine Ziele mal nicht erreicht oder keinen guten Tag gehabt zu haben. Es gibt andere Dinge, die manchmal Aufmerksamkeit benötigen. Es ist wichtig, dass du dir so etwas eingestehst. Es ist okay.

9. Glaub an dich und zieh es durch! Übrigens: Kekse und Tee helfen immer, auch beim Schreiben.

Hier kannst du kreativ werden – gestalte die Seite nach deinem Geschmack

MEIN LESEMONAT

Juli 2024

Neuerscheinungen

Titel & Autor — Erscheint am

☆ ....
Verlag: .... ◯ Einzelband ◯ Reihe – Band ....

☆ ....
Verlag: .... ◯ Einzelband ◯ Reihe – Band ....

☆ ....
Verlag: .... ◯ Einzelband ◯ Reihe – Band ....

☆ ....
Verlag: .... ◯ Einzelband ◯ Reihe – Band ....

☆ ....
Verlag: .... ◯ Einzelband ◯ Reihe – Band ....

☆ ....
Verlag: .... ◯ Einzelband ◯ Reihe – Band ....

☆ ....
Verlag: .... ◯ Einzelband ◯ Reihe – Band ....

☆ ....
Verlag: .... ◯ Einzelband ◯ Reihe – Band ....

☆ ....
Verlag: .... ◯ Einzelband ◯ Reihe – Band ....

Titel & Autor Erscheint am

☆ ....
Verlag: .... ◯ Einzelband ◯ Reihe – Band ....

☆ ....
Verlag: .... ◯ Einzelband ◯ Reihe – Band ....

☆ ....
Verlag: .... ◯ Einzelband ◯ Reihe – Band ....

☆ ....
Verlag: .... ◯ Einzelband ◯ Reihe – Band ....

☆ ....
Verlag: .... ◯ Einzelband ◯ Reihe – Band ....

☆ ....
Verlag: .... ◯ Einzelband ◯ Reihe – Band ....

☆ ....
Verlag: .... ◯ Einzelband ◯ Reihe – Band ....

☆ ....
Verlag: .... ◯ Einzelband ◯ Reihe – Band ....

☆ ....
Verlag: .... ◯ Einzelband ◯ Reihe – Band ....

WANT TO READ

•★ TITEL ★•

•★ AUTOR ★•

Genre:

Verlag:

Buddy Read: ☆

Rezensionsexemplar: ☆

•★ TITEL ★•

•★ AUTOR ★•

Genre:

Verlag:

Buddy Read: ☆

Rezensionsexemplar: ☆

•★ TITEL ★•

•★ AUTOR ★•

Genre:

Verlag:

Buddy Read: ☆

Rezensionsexemplar: ☆

•★ TITEL ★•

•★ AUTOR ★•

Genre:

Verlag:

Buddy Read: ☆

Rezensionsexemplar: ☆

•★ TITEL ★•

•★ AUTOR ★•

Genre:

Verlag:

Buddy Read: ☆

Rezensionsexemplar: ☆

•★ TITEL ★•

•★ AUTOR ★•

Genre:

Verlag:

Buddy Read: ☆

Rezensionsexemplar: ☆

•★ TITEL ★•

•★ AUTOR ★•

Genre: ....

Verlag: ....

Buddy Read: .... ☆

Rezensionsexemplar: ☆

•★ TITEL ★•

•★ AUTOR ★•

Genre: ....

Verlag: ....

Buddy Read: .... ☆

Rezensionsexemplar: ☆

•★ TITEL ★•

•★ AUTOR ★•

Genre: ....

Verlag: ....

Buddy Read: .... ☆

Rezensionsexemplar: ☆

•★ TITEL ★•

•★ AUTOR ★•

Genre: ....

Verlag: ....

Buddy Read: .... ☆

Rezensionsexemplar: ☆

•★ TITEL ★•

•★ AUTOR ★•

Genre: ....

Verlag: ....

Buddy Read: .... ☆

Rezensionsexemplar: ☆

•★ TITEL ★•

•★ AUTOR ★•

Genre: ....

Verlag: ....

Buddy Read: .... ☆

Rezensionsexemplar: ☆

Lesemonat

Titel & Autor Bewertung

○ ☆☆☆☆☆

Bemerkung: Seiten:

○ ☆☆☆☆☆

Bemerkung: Seiten:

○ ☆☆☆☆☆

Bemerkung: Seiten:

○ ☆☆☆☆☆

Bemerkung: Seiten:

○ ☆☆☆☆☆

Bemerkung: Seiten:

○ ☆☆☆☆☆

Bemerkung: Seiten:

○ ☆☆☆☆☆

Bemerkung: Seiten:

○ ☆☆☆☆☆

Bemerkung: Seiten:

Titel & Autor Bewertung

◯ .... ☆☆☆☆☆

Bemerkung: .... Seiten: ....

◯ .... ☆☆☆☆☆

Bemerkung: .... Seiten: ....

◯ .... ☆☆☆☆☆

Bemerkung: .... Seiten: ....

◯ .... ☆☆☆☆☆

Bemerkung: .... Seiten: ....

◯ .... ☆☆☆☆☆

Bemerkung: .... Seiten: ....

◯ .... ☆☆☆☆☆

Bemerkung: .... Seiten: ....

Bücher: .... Seiten: .... Ø Seiten pro Tag: .... Ø Bewertung: ....

Ordne den Genres Farben zu:

◯ Jugendbuch ◯ Fantasy ◯ Manga & Comic ◯ Krimi ◯ Biografie ◯ ....

◯ Liebe & Erotik ◯ Roman ◯ Thriller & Horror ◯ Sci-Fi ◯ Historisch ◯ ....

Lesemonat

Lieblingsbuch:

....

Schlechtestes Buch:

....

COVER DES MONATS

Emotionale Bücher

Die letzten drei Bücher, die
dich so richtig zum Lachen gebracht haben:

Die letzten drei Bücher, die dich zu
Tränen gerührt haben:

☆ Weil es so traurig war ☆ Weil es so schön war

☆ Weil es so traurig war ☆ Weil es so schön war

☆ Weil es so traurig war ☆ Weil es so schön war

Die letzten drei Bücher, die dich
wütend gemacht haben:

Neuzugänge

1. ....
☐ Neu ☐ Gebraucht ☐ Rezensionsexemplar ☐ Getauscht

2. ....
☐ Neu ☐ Gebraucht ☐ Rezensionsexemplar ☐ Getauscht

3. ....
☐ Neu ☐ Gebraucht ☐ Rezensionsexemplar ☐ Getauscht

4. ....
☐ Neu ☐ Gebraucht ☐ Rezensionsexemplar ☐ Getauscht

5. ....
☐ Neu ☐ Gebraucht ☐ Rezensionsexemplar ☐ Getauscht

6. ....
☐ Neu ☐ Gebraucht ☐ Rezensionsexemplar ☐ Getauscht

7. ....
☐ Neu ☐ Gebraucht ☐ Rezensionsexemplar ☐ Getauscht

8. ....
☐ Neu ☐ Gebraucht ☐ Rezensionsexemplar ☐ Getauscht

9. ....
☐ Neu ☐ Gebraucht ☐ Rezensionsexemplar ☐ Getauscht

10. ....
☐ Neu ☐ Gebraucht ☐ Rezensionsexemplar ☐ Getauscht

11. ....

☐ Neu ☐ Gebraucht ☐ Rezensionsexemplar ☐ Getauscht

12. ....

☐ Neu ☐ Gebraucht ☐ Rezensionsexemplar ☐ Getauscht

13. ....

☐ Neu ☐ Gebraucht ☐ Rezensionsexemplar ☐ Getauscht

14. ....

☐ Neu ☐ Gebraucht ☐ Rezensionsexemplar ☐ Getauscht

15. ....

☐ Neu ☐ Gebraucht ☐ Rezensionsexemplar ☐ Getauscht

16. ....

☐ Neu ☐ Gebraucht ☐ Rezensionsexemplar ☐ Getauscht

17. ....

☐ Neu ☐ Gebraucht ☐ Rezensionsexemplar ☐ Getauscht

18. ....

☐ Neu ☐ Gebraucht ☐ Rezensionsexemplar ☐ Getauscht

19. ....

☐ Neu ☐ Gebraucht ☐ Rezensionsexemplar ☐ Getauscht

20. ....

☐ Neu ☐ Gebraucht ☐ Rezensionsexemplar ☐ Getauscht

ZITATE

Hier leben einfach alle nach dem Motto:
Lieber etwas unheimlich Dummes gemacht,
statt einmal nachgedacht!

Rotkäppchen und der Hipster-Wolf
Nina MacKay

MEIN
LESEMONAT

August 2024

Neuerscheinungen

Titel & Autor — Erscheint am

☆ ....

Verlag: .... ◯ Einzelband ◯ Reihe – Band ....

☆ ....

Verlag: .... ◯ Einzelband ◯ Reihe – Band ....

☆ ....

Verlag: .... ◯ Einzelband ◯ Reihe – Band ....

☆ ....

Verlag: .... ◯ Einzelband ◯ Reihe – Band ....

☆ ....

Verlag: .... ◯ Einzelband ◯ Reihe – Band ....

☆ ....

Verlag: .... ◯ Einzelband ◯ Reihe – Band ....

☆ ....

Verlag: .... ◯ Einzelband ◯ Reihe – Band ....

☆ ....

Verlag: .... ◯ Einzelband ◯ Reihe – Band ....

☆ ....

Verlag: .... ◯ Einzelband ◯ Reihe – Band ....

Titel & Autor Erscheint am

☆ ....

Verlag: .... ◯ Einzelband ◯ Reihe – Band ....

☆ ....

Verlag: .... ◯ Einzelband ◯ Reihe – Band ....

☆ ....

Verlag: .... ◯ Einzelband ◯ Reihe – Band ....

☆ ....

Verlag: .... ◯ Einzelband ◯ Reihe – Band ....

☆ ....

Verlag: .... ◯ Einzelband ◯ Reihe – Band ....

☆ ....

Verlag: .... ◯ Einzelband ◯ Reihe – Band ....

☆ ....

Verlag: .... ◯ Einzelband ◯ Reihe – Band ....

☆ ....

Verlag: .... ◯ Einzelband ◯ Reihe – Band ....

☆ ....

Verlag: .... ◯ Einzelband ◯ Reihe – Band ....

WANT TO READ

•★ TITEL ★•

•★ AUTOR ★•

Genre: ....

Verlag: ....

Buddy Read: .... ☆

Rezensionsexemplar: ☆

•★ TITEL ★•

•★ AUTOR ★•

Genre: ....

Verlag: ....

Buddy Read: .... ☆

Rezensionsexemplar: ☆

•★ TITEL ★•

•★ AUTOR ★•

Genre: ....

Verlag: ....

Buddy Read: .... ☆

Rezensionsexemplar: ☆

•★ TITEL ★•

•★ AUTOR ★•

Genre: ....

Verlag: ....

Buddy Read: .... ☆

Rezensionsexemplar: ☆

•★ TITEL ★•

•★ AUTOR ★•

Genre: ....

Verlag: ....

Buddy Read: .... ☆

Rezensionsexemplar: ☆

•★ TITEL ★•

•★ AUTOR ★•

Genre: ....

Verlag: ....

Buddy Read: .... ☆

Rezensionsexemplar: ☆

TITEL

AUTOR

Genre:

Verlag:

Buddy Read:

Rezensionsexemplar:

TITEL

AUTOR

Genre:

Verlag:

Buddy Read:

Rezensionsexemplar:

TITEL

AUTOR

Genre:

Verlag:

Buddy Read:

Rezensionsexemplar:

TITEL

AUTOR

Genre:

Verlag:

Buddy Read:

Rezensionsexemplar:

TITEL

AUTOR

Genre:

Verlag:

Buddy Read:

Rezensionsexemplar:

TITEL

AUTOR

Genre:

Verlag:

Buddy Read:

Rezensionsexemplar:

Lesemonat

Titel & Autor Bewertung

○ ☆☆☆☆☆

Bemerkung: Seiten:

○ ☆☆☆☆☆

Bemerkung: Seiten:

○ ☆☆☆☆☆

Bemerkung: Seiten:

○ ☆☆☆☆☆

Bemerkung: Seiten:

○ ☆☆☆☆☆

Bemerkung: Seiten:

○ ☆☆☆☆☆

Bemerkung: Seiten:

○ ☆☆☆☆☆

Bemerkung: Seiten:

○ ☆☆☆☆☆

Bemerkung: Seiten:

Titel & Autor Bewertung

○ .... ☆☆☆☆☆

Bemerkung: .... Seiten: ....

○ .... ☆☆☆☆☆

Bemerkung: .... Seiten: ....

○ .... ☆☆☆☆☆

Bemerkung: .... Seiten: ....

○ .... ☆☆☆☆☆

Bemerkung: .... Seiten: ....

○ .... ☆☆☆☆☆

Bemerkung: .... Seiten: ....

○ .... ☆☆☆☆☆

Bemerkung: .... Seiten: ....

Bücher: .... Seiten: .... Ø Seiten pro Tag: .... Ø Bewertung: ....

Ordne den Genres Farben zu:

○ Jugendbuch ○ Fantasy ○ Manga & Comic ○ Krimi ○ Biografie ○ ....

○ Liebe & Erotik ○ Roman ○ Thriller & Horror ○ Sci-Fi ○ Historisch ○ ....

Lesemonat

Lieblingsbuch:

Schlechtestes Buch:

COVER DES MONATS

This or That

Entscheide dich – links oder rechts

Tea	OR	Coffee
Hardcover	OR	Softcover
Ein Buch nach dem anderen	OR	Mehrere Bücher gleichzeitig
Fantasy	OR	Young Adult
Online bestellen	OR	Buchhandlung
E-Book	OR	Buch
Draußen lesen	OR	Drinnen lesen
Lesezeichen	OR	Alles was gerade greifbar ist
Buchverfilmungen: Super!	OR	Buchverfilmungen: Nein danke!
Langsamer Leser	OR	Schneller Leser

Neuzugänge

1. ....
☐ Neu ☐ Gebraucht ☐ Rezensionsexemplar ☐ Getauscht

2. ....
☐ Neu ☐ Gebraucht ☐ Rezensionsexemplar ☐ Getauscht

3. ....
☐ Neu ☐ Gebraucht ☐ Rezensionsexemplar ☐ Getauscht

4. ....
☐ Neu ☐ Gebraucht ☐ Rezensionsexemplar ☐ Getauscht

5. ....
☐ Neu ☐ Gebraucht ☐ Rezensionsexemplar ☐ Getauscht

6. ....
☐ Neu ☐ Gebraucht ☐ Rezensionsexemplar ☐ Getauscht

7. ....
☐ Neu ☐ Gebraucht ☐ Rezensionsexemplar ☐ Getauscht

8. ....
☐ Neu ☐ Gebraucht ☐ Rezensionsexemplar ☐ Getauscht

9. ....
☐ Neu ☐ Gebraucht ☐ Rezensionsexemplar ☐ Getauscht

10. ....
☐ Neu ☐ Gebraucht ☐ Rezensionsexemplar ☐ Getauscht

11. ....

☐ Neu ☐ Gebraucht ☐ Rezensionsexemplar ☐ Getauscht

12. ....

☐ Neu ☐ Gebraucht ☐ Rezensionsexemplar ☐ Getauscht

13. ....

☐ Neu ☐ Gebraucht ☐ Rezensionsexemplar ☐ Getauscht

14. ....

☐ Neu ☐ Gebraucht ☐ Rezensionsexemplar ☐ Getauscht

15. ....

☐ Neu ☐ Gebraucht ☐ Rezensionsexemplar ☐ Getauscht

16. ....

☐ Neu ☐ Gebraucht ☐ Rezensionsexemplar ☐ Getauscht

17. ....

☐ Neu ☐ Gebraucht ☐ Rezensionsexemplar ☐ Getauscht

18. ....

☐ Neu ☐ Gebraucht ☐ Rezensionsexemplar ☐ Getauscht

19. ....

☐ Neu ☐ Gebraucht ☐ Rezensionsexemplar ☐ Getauscht

20. ....

☐ Neu ☐ Gebraucht ☐ Rezensionsexemplar ☐ Getauscht

ZITATE

Inzwischen weiß ich,
nichts ist ausschließlich schlecht oder gut.
Alles hat eine helle und eine dunkle Seite.
Sie gehören zusammen.

Medusas Fluch – Götterschimmer
Emily Thomsen

Hier kannst du kreativ werden – gestalte die Seite nach deinem Geschmack

MEIN LESEMONAT

September 2024

Neuerscheinungen

Titel & Autor	Erscheint am
☆ Ballad of Sword And Wine	24.09.24
Verlag: 7Seas Ent ◯ Einzelband ☒ Reihe – Band 2	
☆ Das Phantom der Oper	06.09.24
Verlag: Reclam, Philipp jun ☒ Einzelband ◯ Reihe – Band	
☆	
Verlag: ◯ Einzelband ◯ Reihe – Band	
☆	
Verlag: ◯ Einzelband ◯ Reihe – Band	
☆	
Verlag: ◯ Einzelband ◯ Reihe – Band	
☆	
Verlag: ◯ Einzelband ◯ Reihe – Band	
☆	
Verlag: ◯ Einzelband ◯ Reihe – Band	
☆	
Verlag: ◯ Einzelband ◯ Reihe – Band	
☆	
Verlag: ◯ Einzelband ◯ Reihe – Band	

Titel & Autor	Erscheint am

☆ ....
Verlag: .... ◯ Einzelband ◯ Reihe – Band ....

☆ ....
Verlag: .... ◯ Einzelband ◯ Reihe – Band ....

☆ ....
Verlag: .... ◯ Einzelband ◯ Reihe – Band ....

☆ ....
Verlag: .... ◯ Einzelband ◯ Reihe – Band ....

☆ ....
Verlag: .... ◯ Einzelband ◯ Reihe – Band ....

☆ ....
Verlag: .... ◯ Einzelband ◯ Reihe – Band ....

☆ ....
Verlag: .... ◯ Einzelband ◯ Reihe – Band ....

☆ ....
Verlag: .... ◯ Einzelband ◯ Reihe – Band ....

☆ ....
Verlag: .... ◯ Einzelband ◯ Reihe – Band ....

WANT TO READ

TITEL
Легенда о Чжаояо 1

AUTOR
Легенда О Чжаояо 2

Genre: AST

Verlag: AST

Buddy Read: ☆

Rezensionsexemplar: ☆

TITEL

AUTOR

Genre:

Verlag:

Buddy Read: ☆

Rezensionsexemplar: ☆

TITEL

AUTOR

Genre:

Verlag:

Buddy Read: ☆

Rezensionsexemplar: ☆

TITEL

AUTOR

Genre:

Verlag:

Buddy Read: ☆

Rezensionsexemplar: ☆

TITEL

AUTOR

Genre:

Verlag:

Buddy Read: ☆

Rezensionsexemplar: ☆

TITEL

AUTOR

Genre:

Verlag:

Buddy Read: ☆

Rezensionsexemplar: ☆

•★ TITEL ★•

•★ AUTOR ★•

Genre: ....

Verlag: ....

Buddy Read: .... ☆

Rezensionsexemplar: ☆

•★ TITEL ★•

•★ AUTOR ★•

Genre: ....

Verlag: ....

Buddy Read: .... ☆

Rezensionsexemplar: ☆

•★ TITEL ★•

•★ AUTOR ★•

Genre: ....

Verlag: ....

Buddy Read: .... ☆

Rezensionsexemplar: ☆

•★ TITEL ★•

•★ AUTOR ★•

Genre: ....

Verlag: ....

Buddy Read: .... ☆

Rezensionsexemplar: ☆

•★ TITEL ★•

•★ AUTOR ★•

Genre: ....

Verlag: ....

Buddy Read: .... ☆

Rezensionsexemplar: ☆

•★ TITEL ★•

•★ AUTOR ★•

Genre: ....

Verlag: ....

Buddy Read: .... ☆

Rezensionsexemplar: ☆

Lesemonat

Titel & Autor Bewertung

○ ☆☆☆☆☆

Bemerkung: Seiten:

○ ☆☆☆☆☆

Bemerkung: Seiten:

○ ☆☆☆☆☆

Bemerkung: Seiten:

○ ☆☆☆☆☆

Bemerkung: Seiten:

○ ☆☆☆☆☆

Bemerkung: Seiten:

○ ☆☆☆☆☆

Bemerkung: Seiten:

○ ☆☆☆☆☆

Bemerkung: Seiten:

○ ☆☆☆☆☆

Bemerkung: Seiten:

Titel & Autor Bewertung

○ .... ☆☆☆☆☆

Bemerkung: .... Seiten: ....

○ .... ☆☆☆☆☆

Bemerkung: .... Seiten: ....

○ .... ☆☆☆☆☆

Bemerkung: .... Seiten: ....

○ .... ☆☆☆☆☆

Bemerkung: .... Seiten: ....

○ .... ☆☆☆☆☆

Bemerkung: .... Seiten: ....

○ .... ☆☆☆☆☆

Bemerkung: .... Seiten: ....

Bücher: .... Seiten: .... Ø Seiten pro Tag: .... Ø Bewertung: ....

Ordne den Genres Farben zu:

○ Jugendbuch ○ Fantasy ○ Manga & Comic ○ Krimi ○ Biografie ○ ....

○ Liebe & Erotik ○ Roman ○ Thriller & Horror ○ Sci-Fi ○ Historisch ○ ....

Lesemonat

Lieblingsbuch:

Schlechtestes Buch:

COVER DES MONATS

Märchen

Beantworte die Fragen

Welches Buch ist deine Lieblingsmärchenadaption?

Welche Prinzessin magst du am liebsten?

Welche Märchenfigur ist der beste Bösewicht?

Welcher Prinz wäre der perfekte Bookish Boyfriend?

Welche Märchenwelt würdest du gerne besuchen?

In welchem Märchenschloss
würdest du gerne wohnen?

Neverland	oder	Wonderland
Märchenwald	oder	1001 Nacht

Neuzugänge

1. Area X - Southern Reach Triology (17.09.24)

☒ Neu ☐ Gebraucht ☐ Rezensionsexemplar ☐ Getauscht

2. Das Phantom Der Oper (2024) (22.09.24)

☐ Neu ☒ Gebraucht ☐ Rezensionsexemplar ☐ Getauscht

3. Nauchan (06.09.24)

☒ Neu ☐ Gebraucht ☐ Rezensionsexemplar ☐ Getauscht

4. Frozen: Tod im Eis (10.09.22)

☐ Neu ☐ Gebraucht ☐ Rezensionsexemplar ☐ Getauscht

5. Die Knebel von Mavelon (10.09.24)

☐ Neu ☐ Gebraucht ☐ Rezensionsexemplar ☐ Getauscht

6.

☐ Neu ☐ Gebraucht ☐ Rezensionsexemplar ☐ Getauscht

7.

☐ Neu ☐ Gebraucht ☐ Rezensionsexemplar ☐ Getauscht

8.

☐ Neu ☐ Gebraucht ☐ Rezensionsexemplar ☐ Getauscht

9.

☐ Neu ☐ Gebraucht ☐ Rezensionsexemplar ☐ Getauscht

10.

☐ Neu ☐ Gebraucht ☐ Rezensionsexemplar ☐ Getauscht

11. ....

☐ Neu ☐ Gebraucht ☐ Rezensionsexemplar ☐ Getauscht

12. ....

☐ Neu ☐ Gebraucht ☐ Rezensionsexemplar ☐ Getauscht

13. ....

☐ Neu ☐ Gebraucht ☐ Rezensionsexemplar ☐ Getauscht

14. ....

☐ Neu ☐ Gebraucht ☐ Rezensionsexemplar ☐ Getauscht

15. ....

☐ Neu ☐ Gebraucht ☐ Rezensionsexemplar ☐ Getauscht

16. ....

☐ Neu ☐ Gebraucht ☐ Rezensionsexemplar ☐ Getauscht

17. ....

☐ Neu ☐ Gebraucht ☐ Rezensionsexemplar ☐ Getauscht

18. ....

☐ Neu ☐ Gebraucht ☐ Rezensionsexemplar ☐ Getauscht

19. ....

☐ Neu ☐ Gebraucht ☐ Rezensionsexemplar ☐ Getauscht

20. ....

☐ Neu ☐ Gebraucht ☐ Rezensionsexemplar ☐ Getauscht

ZITATE

Und ich spürte,
was er spürte,
küsste die Schatten unter seinen Augen,
weinte seine Tränen und blieb.

Khaos
Lin Rina

MEIN
LESEMONAT

Oktober 2024

Neuerscheinungen

Titel & Autor	Erscheint am
☆ Absolution - Jeff Vandermeer	22.10.24
Verlag: Picador ○ Einzelband ☒ Reihe – Band 4	
☆ Peerless 2 - Meng Xi Shi	29.10.24
Verlag: Seven Seas ○ Einzelband ☒ Reihe – Band 2	
☆ Don't Let The Forest In - C.D.	29.10.24
Verlag: Feiwel & Friends ☒ Einzelband ○ Reihe – Band	
☆	
Verlag: ○ Einzelband ○ Reihe – Band	
☆	
Verlag: ○ Einzelband ○ Reihe – Band	
☆	
Verlag: ○ Einzelband ○ Reihe – Band	
☆	
Verlag: ○ Einzelband ○ Reihe – Band	
☆	
Verlag: ○ Einzelband ○ Reihe – Band	
☆	
Verlag: ○ Einzelband ○ Reihe – Band	

Titel & Autor	Erscheint am
☆	....
Verlag: .... ◯ Einzelband ◯ Reihe – Band	
☆	....
Verlag: .... ◯ Einzelband ◯ Reihe – Band	
☆	....
Verlag: .... ◯ Einzelband ◯ Reihe – Band	
☆	....
Verlag: .... ◯ Einzelband ◯ Reihe – Band	
☆	....
Verlag: .... ◯ Einzelband ◯ Reihe – Band	
☆	....
Verlag: .... ◯ Einzelband ◯ Reihe – Band	
☆	....
Verlag: .... ◯ Einzelband ◯ Reihe – Band	
☆	....
Verlag: .... ◯ Einzelband ◯ Reihe – Band	
☆	....
Verlag: .... ◯ Einzelband ◯ Reihe – Band	

WANT TO READ

TITEL: Absolution

AUTOR: Jeff Vandermeer

Genre: Sci-Fi, Mystery, Horror

Verlag: Picador

Buddy Read: Merphy (YT) ☆

Rezensionsexemplar: ☆

TITEL: Don't Let The Forest In

AUTOR: C.G. Drews

Genre: Horror, Romance

Verlag: Feiwel & Friends

Buddy Read: ☆

Rezensionsexemplar: ☆

TITEL: Grandmaster of Demonic Cultivation

AUTOR: Mo Xiang Tong Xiu

Genre:

Verlag: Tokyopop

Buddy Read: ☆

Rezensionsexemplar: ☆

TITEL: Acceptance

AUTOR: Jeff Vandermeer

Genre: Sci-Fi, Mystery, Horror

Verlag: McMillan USA

Buddy Read: ☆

Rezensionsexemplar: ☆

TITEL:

AUTOR:

Genre:

Verlag:

Buddy Read: ☆

Rezensionsexemplar: ☆

TITEL:

AUTOR:

Genre:

Verlag:

Buddy Read: ☆

Rezensionsexemplar: ☆

TITEL

AUTOR

Genre:

Verlag:

Buddy Read:

Rezensionsexemplar:

TITEL

AUTOR

Genre:

Verlag:

Buddy Read:

Rezensionsexemplar:

TITEL

AUTOR

Genre:

Verlag:

Buddy Read:

Rezensionsexemplar:

TITEL

AUTOR

Genre:

Verlag:

Buddy Read:

Rezensionsexemplar:

TITEL

AUTOR

Genre:

Verlag:

Buddy Read:

Rezensionsexemplar:

TITEL

AUTOR

Genre:

Verlag:

Buddy Read:

Rezensionsexemplar:

Lesemonat

Titel & Autor | Bewertung

○ ☆☆☆☆☆

Bemerkung: Seiten:

○ ☆☆☆☆☆

Bemerkung: Seiten:

○ ☆☆☆☆☆

Bemerkung: Seiten:

○ ☆☆☆☆☆

Bemerkung: Seiten:

○ ☆☆☆☆☆

Bemerkung: Seiten:

○ ☆☆☆☆☆

Bemerkung: Seiten:

○ ☆☆☆☆☆

Bemerkung: Seiten:

○ ☆☆☆☆☆

Bemerkung: Seiten:

Titel & Autor	Bewertung
○ ………………	☆☆☆☆☆
Bemerkung: ………………	Seiten: ………
○ ………………	☆☆☆☆☆
Bemerkung: ………………	Seiten: ………
○ ………………	☆☆☆☆☆
Bemerkung: ………………	Seiten: ………
○ ………………	☆☆☆☆☆
Bemerkung: ………………	Seiten: ………
○ ………………	☆☆☆☆☆
Bemerkung: ………………	Seiten: ………
○ ………………	☆☆☆☆☆
Bemerkung: ………………	Seiten: ………

Bücher: ……… Seiten: ……… Ø Seiten pro Tag: ……… Ø Bewertung: ………

Ordne den Genres Farben zu:

○ Jugendbuch ○ Fantasy ○ Manga & Comic ○ Krimi ○ Biografie ○ ………
○ Liebe & Erotik ○ Roman ○ Thriller & Horror ○ Sci-Fi ○ Historisch ○ ………

Lesemonat

Lieblingsbuch:

Schlechtestes Buch:

COVER DES MONATS

Buchcover

Zeichne das Cover deines Lieblingsbuches
oder erfinde dein eigenes Traumcover

TITEL

@misshanamisbookdreams

Neuzugänge

1. ....

☐ Neu ☐ Gebraucht ☐ Rezensionsexemplar ☐ Getauscht

2. ....

☐ Neu ☐ Gebraucht ☐ Rezensionsexemplar ☐ Getauscht

3. ....

☐ Neu ☐ Gebraucht ☐ Rezensionsexemplar ☐ Getauscht

4. ....

☐ Neu ☐ Gebraucht ☐ Rezensionsexemplar ☐ Getauscht

5. ....

☐ Neu ☐ Gebraucht ☐ Rezensionsexemplar ☐ Getauscht

6. ....

☐ Neu ☐ Gebraucht ☐ Rezensionsexemplar ☐ Getauscht

7. ....

☐ Neu ☐ Gebraucht ☐ Rezensionsexemplar ☐ Getauscht

8. ....

☐ Neu ☐ Gebraucht ☐ Rezensionsexemplar ☐ Getauscht

9. ....

☐ Neu ☐ Gebraucht ☐ Rezensionsexemplar ☐ Getauscht

10. ....

☐ Neu ☐ Gebraucht ☐ Rezensionsexemplar ☐ Getauscht

11. ....

☐ Neu ☐ Gebraucht ☐ Rezensionsexemplar ☐ Getauscht

12. ....

☐ Neu ☐ Gebraucht ☐ Rezensionsexemplar ☐ Getauscht

13. ....

☐ Neu ☐ Gebraucht ☐ Rezensionsexemplar ☐ Getauscht

14. ....

☐ Neu ☐ Gebraucht ☐ Rezensionsexemplar ☐ Getauscht

15. ....

☐ Neu ☐ Gebraucht ☐ Rezensionsexemplar ☐ Getauscht

16. ....

☐ Neu ☐ Gebraucht ☐ Rezensionsexemplar ☐ Getauscht

17. ....

☐ Neu ☐ Gebraucht ☐ Rezensionsexemplar ☐ Getauscht

18. ....

☐ Neu ☐ Gebraucht ☐ Rezensionsexemplar ☐ Getauscht

19. ....

☐ Neu ☐ Gebraucht ☐ Rezensionsexemplar ☐ Getauscht

20. ....

☐ Neu ☐ Gebraucht ☐ Rezensionsexemplar ☐ Getauscht

ZITATE

Geschichten sind die Worte unseres Herzens, geschrieben mit der Tinte unserer Fantasie, geformt von der Feder unseres Verstandes.

Die letzten Zeilen der Nacht
Jo Schneider

Hier kannst du kreativ werden – gestalte die Seite nach deinem Geschmack

MEIN
LESEMONAT

November 2024

Neuerscheinungen

Titel & Autor	Erscheint am
☆ The Wizard - Wenn Worte Töten	
Verlag: Tokyopop ○ Einzelband ☒ Reihe – Band 1	
☆ Dinghai Fusheng Records	05.11.24
Verlag: Penguin RH Manhua ○ Einzelband ☒ Reihe – Band 1	
☆ Was Die Welt Zussamen Hält	27.11.24
Verlag: ○ Einzelband ○ Reihe – Band	
☆	
Verlag: ○ Einzelband ○ Reihe – Band	
☆	
Verlag: ○ Einzelband ○ Reihe – Band	
☆	
Verlag: ○ Einzelband ○ Reihe – Band	
☆	
Verlag: ○ Einzelband ○ Reihe – Band	
☆	
Verlag: ○ Einzelband ○ Reihe – Band	
☆	
Verlag: ○ Einzelband ○ Reihe – Band	

Titel & Autor | Erscheint am

☆ ....
Verlag: .... ◯ Einzelband ◯ Reihe – Band ....

☆ ....
Verlag: .... ◯ Einzelband ◯ Reihe – Band ....

☆ ....
Verlag: .... ◯ Einzelband ◯ Reihe – Band ....

☆ ....
Verlag: .... ◯ Einzelband ◯ Reihe – Band ....

☆ ....
Verlag: .... ◯ Einzelband ◯ Reihe – Band ....

☆ ....
Verlag: .... ◯ Einzelband ◯ Reihe – Band ....

☆ ....
Verlag: .... ◯ Einzelband ◯ Reihe – Band ....

☆ ....
Verlag: .... ◯ Einzelband ◯ Reihe – Band ....

☆ ....
Verlag: .... ◯ Einzelband ◯ Reihe – Band ....

WANT TO READ

TITEL

AUTOR

Genre:

Verlag:

Buddy Read: ☆

Rezensionsexemplar: ☆

TITEL

AUTOR

Genre:

Verlag:

Buddy Read: ☆

Rezensionsexemplar: ☆

TITEL

AUTOR

Genre:

Verlag:

Buddy Read: ☆

Rezensionsexemplar: ☆

TITEL

AUTOR

Genre:

Verlag:

Buddy Read: ☆

Rezensionsexemplar: ☆

TITEL

AUTOR

Genre:

Verlag:

Buddy Read: ☆

Rezensionsexemplar: ☆

TITEL

AUTOR

Genre:

Verlag:

Buddy Read: ☆

Rezensionsexemplar: ☆

TITEL

AUTOR

Genre:

Verlag:

Buddy Read:

Rezensionsexemplar:

TITEL

AUTOR

Genre:

Verlag:

Buddy Read:

Rezensionsexemplar:

TITEL

AUTOR

Genre:

Verlag:

Buddy Read:

Rezensionsexemplar:

TITEL

AUTOR

Genre:

Verlag:

Buddy Read:

Rezensionsexemplar:

TITEL

AUTOR

Genre:

Verlag:

Buddy Read:

Rezensionsexemplar:

TITEL

AUTOR

Genre:

Verlag:

Buddy Read:

Rezensionsexemplar:

Lesemonat

Titel & Autor Bewertung

○ ☆☆☆☆☆

Bemerkung: Seiten:

○ ☆☆☆☆☆

Bemerkung: Seiten:

○ ☆☆☆☆☆

Bemerkung: Seiten:

○ ☆☆☆☆☆

Bemerkung: Seiten:

○ ☆☆☆☆☆

Bemerkung: Seiten:

○ ☆☆☆☆☆

Bemerkung: Seiten:

○ ☆☆☆☆☆

Bemerkung: Seiten:

○ ☆☆☆☆☆

Bemerkung: Seiten:

Titel & Autor	Bewertung
○	☆☆☆☆☆
Bemerkung:	Seiten: ....
○	☆☆☆☆☆
Bemerkung:	Seiten: ....
○	☆☆☆☆☆
Bemerkung:	Seiten: ....
○	☆☆☆☆☆
Bemerkung:	Seiten: ....
○	☆☆☆☆☆
Bemerkung:	Seiten: ....
○	☆☆☆☆☆
Bemerkung:	Seiten: ....

Bücher: .... Seiten: .... Ø Seiten pro Tag: .... Ø Bewertung: ....

Ordne den Genres Farben zu:

○ Jugendbuch ○ Fantasy ○ Manga & Comic ○ Krimi ○ Biografie ○ ....

○ Liebe & Erotik ○ Roman ○ Thriller & Horror ○ Sci-Fi ○ Historisch ○ ....

Lesemonat

Lieblingsbuch:

Schlechtestes Buch:

COVER DES MONATS

Dein Drachenmond Verlag

Welches ist dein absolutes Lieblingsbuch aus dem Drachenmond Verlag?

Welcher Drachenmond Autor ist dein Liebling?

Welches Drachenmond Buch hat das schönste Cover?

Auf welche Neuerscheinung freust du dich am meisten?

Welche Bücher würdest du in deine Drachenpost packen?

Welche ist deine Lieblingsdrachenkerze?

Welche Drachenmond Geschichte hat die kreativste Idee?

@misshanamisbookdreams

Neuzugänge

1. ....

☐ Neu ☐ Gebraucht ☐ Rezensionsexemplar ☐ Getauscht

2. ....

☐ Neu ☐ Gebraucht ☐ Rezensionsexemplar ☐ Getauscht

3. ....

☐ Neu ☐ Gebraucht ☐ Rezensionsexemplar ☐ Getauscht

4. ....

☐ Neu ☐ Gebraucht ☐ Rezensionsexemplar ☐ Getauscht

5. ....

☐ Neu ☐ Gebraucht ☐ Rezensionsexemplar ☐ Getauscht

6. ....

☐ Neu ☐ Gebraucht ☐ Rezensionsexemplar ☐ Getauscht

7. ....

☐ Neu ☐ Gebraucht ☐ Rezensionsexemplar ☐ Getauscht

8. ....

☐ Neu ☐ Gebraucht ☐ Rezensionsexemplar ☐ Getauscht

9. ....

☐ Neu ☐ Gebraucht ☐ Rezensionsexemplar ☐ Getauscht

10. ....

☐ Neu ☐ Gebraucht ☐ Rezensionsexemplar ☐ Getauscht

11. ....
☐ Neu ☐ Gebraucht ☐ Rezensionsexemplar ☐ Getauscht

12. ....
☐ Neu ☐ Gebraucht ☐ Rezensionsexemplar ☐ Getauscht

13. ....
☐ Neu ☐ Gebraucht ☐ Rezensionsexemplar ☐ Getauscht

14. ....
☐ Neu ☐ Gebraucht ☐ Rezensionsexemplar ☐ Getauscht

15. ....
☐ Neu ☐ Gebraucht ☐ Rezensionsexemplar ☐ Getauscht

16. ....
☐ Neu ☐ Gebraucht ☐ Rezensionsexemplar ☐ Getauscht

17. ....
☐ Neu ☐ Gebraucht ☐ Rezensionsexemplar ☐ Getauscht

18. ....
☐ Neu ☐ Gebraucht ☐ Rezensionsexemplar ☐ Getauscht

19. ....
☐ Neu ☐ Gebraucht ☐ Rezensionsexemplar ☐ Getauscht

20. ....
☐ Neu ☐ Gebraucht ☐ Rezensionsexemplar ☐ Getauscht

ZITATE

Keine Geschichte sollte endlos währen.
Es muss ein Ende geben.
Es gibt immer eines.

Die Dreizehnte Fee – Entschlafen
Julia Adrian

MEIN
LESEMONAT

Dezember 2024

Neuerscheinungen

Titel & Autor | Erscheint am

☆ ....

Verlag: .... ◯ Einzelband ◯ Reihe – Band ....

☆ ....

Verlag: .... ◯ Einzelband ◯ Reihe – Band ....

☆ ....

Verlag: .... ◯ Einzelband ◯ Reihe – Band ....

☆ ....

Verlag: .... ◯ Einzelband ◯ Reihe – Band ....

☆ ....

Verlag: .... ◯ Einzelband ◯ Reihe – Band ....

☆ ....

Verlag: .... ◯ Einzelband ◯ Reihe – Band ....

☆ ....

Verlag: .... ◯ Einzelband ◯ Reihe – Band ....

☆ ....

Verlag: .... ◯ Einzelband ◯ Reihe – Band ....

☆ ....

Verlag: .... ◯ Einzelband ◯ Reihe – Band ....

Titel & Autor	Erscheint am
☆	
Verlag: ◯ Einzelband ◯ Reihe – Band	
☆	
Verlag: ◯ Einzelband ◯ Reihe – Band	
☆	
Verlag: ◯ Einzelband ◯ Reihe – Band	
☆	
Verlag: ◯ Einzelband ◯ Reihe – Band	
☆	
Verlag: ◯ Einzelband ◯ Reihe – Band	
☆	
Verlag: ◯ Einzelband ◯ Reihe – Band	
☆	
Verlag: ◯ Einzelband ◯ Reihe – Band	
☆	
Verlag: ◯ Einzelband ◯ Reihe – Band	
☆	
Verlag: ◯ Einzelband ◯ Reihe – Band	

WANT TO READ

TITEL

AUTOR

Genre:

Verlag:

Buddy Read:

Rezensionsexemplar:

TITEL

AUTOR

Genre:

Verlag:

Buddy Read:

Rezensionsexemplar:

TITEL

AUTOR

Genre:

Verlag:

Buddy Read:

Rezensionsexemplar:

TITEL

AUTOR

Genre:

Verlag:

Buddy Read:

Rezensionsexemplar:

TITEL

AUTOR

Genre:

Verlag:

Buddy Read:

Rezensionsexemplar:

TITEL

AUTOR

Genre:

Verlag:

Buddy Read:

Rezensionsexemplar:

TITEL

AUTOR

Genre:

Verlag:

Buddy Read:

Rezensionsexemplar:

TITEL

AUTOR

Genre:

Verlag:

Buddy Read:

Rezensionsexemplar:

TITEL

AUTOR

Genre:

Verlag:

Buddy Read:

Rezensionsexemplar:

TITEL

AUTOR

Genre:

Verlag:

Buddy Read:

Rezensionsexemplar:

TITEL

AUTOR

Genre:

Verlag:

Buddy Read:

Rezensionsexemplar:

TITEL

AUTOR

Genre:

Verlag:

Buddy Read:

Rezensionsexemplar:

Lesemonat

Titel & Autor | Bewertung

○ .... ☆☆☆☆☆

Bemerkung: .... Seiten: ....

○ .... ☆☆☆☆☆

Bemerkung: .... Seiten: ....

○ .... ☆☆☆☆☆

Bemerkung: .... Seiten: ....

○ .... ☆☆☆☆☆

Bemerkung: .... Seiten: ....

○ .... ☆☆☆☆☆

Bemerkung: .... Seiten: ....

○ .... ☆☆☆☆☆

Bemerkung: .... Seiten: ....

○ .... ☆☆☆☆☆

Bemerkung: .... Seiten: ....

○ .... ☆☆☆☆☆

Bemerkung: .... Seiten: ....

Titel & Autor	Bewertung
○	☆☆☆☆☆
Bemerkung:	Seiten: ....
○	☆☆☆☆☆
Bemerkung:	Seiten: ....
○	☆☆☆☆☆
Bemerkung:	Seiten: ....
○	☆☆☆☆☆
Bemerkung:	Seiten: ....
○	☆☆☆☆☆
Bemerkung:	Seiten: ....
○	☆☆☆☆☆
Bemerkung:	Seiten: ....

Bücher: .... Seiten: .... Ø Seiten pro Tag: .... Ø Bewertung: ....

Ordne den Genres Farben zu:

○ Jugendbuch ○ Fantasy ○ Manga & Comic ○ Krimi ○ Biografie ○ ....

○ Liebe & Erotik ○ Roman ○ Thriller & Horror ○ Sci-Fi ○ Historisch ○ ....

Lesemonat

Lieblingsbuch:

....

Schlechtestes Buch:

....

COVER DES MONATS

Was ist das erste Buch, das dir zu den Wörtern einfällt?

Perfektes Märchen: ....

Starke Frauen: ....

Traumprinz: ....

Grusel pur: ....

Soulmates: ....

Drachen: ....

Bad Boy: ....

Schönste Landkarte ....

Magisch: ....

Weltraum: ....

Prinzessinnen: ....

Neuzugänge

1. ....
☐ Neu ☐ Gebraucht ☐ Rezensionsexemplar ☐ Getauscht

2. ....
☐ Neu ☐ Gebraucht ☐ Rezensionsexemplar ☐ Getauscht

3. ....
☐ Neu ☐ Gebraucht ☐ Rezensionsexemplar ☐ Getauscht

4. ....
☐ Neu ☐ Gebraucht ☐ Rezensionsexemplar ☐ Getauscht

5. ....
☐ Neu ☐ Gebraucht ☐ Rezensionsexemplar ☐ Getauscht

6. ....
☐ Neu ☐ Gebraucht ☐ Rezensionsexemplar ☐ Getauscht

7. ....
☐ Neu ☐ Gebraucht ☐ Rezensionsexemplar ☐ Getauscht

8. ....
☐ Neu ☐ Gebraucht ☐ Rezensionsexemplar ☐ Getauscht

9. ....
☐ Neu ☐ Gebraucht ☐ Rezensionsexemplar ☐ Getauscht

10. ....
☐ Neu ☐ Gebraucht ☐ Rezensionsexemplar ☐ Getauscht

11. ....
☐ Neu ☐ Gebraucht ☐ Rezensionsexemplar ☐ Getauscht

12. ....
☐ Neu ☐ Gebraucht ☐ Rezensionsexemplar ☐ Getauscht

13. ....
☐ Neu ☐ Gebraucht ☐ Rezensionsexemplar ☐ Getauscht

14. ....
☐ Neu ☐ Gebraucht ☐ Rezensionsexemplar ☐ Getauscht

15. ....
☐ Neu ☐ Gebraucht ☐ Rezensionsexemplar ☐ Getauscht

16. ....
☐ Neu ☐ Gebraucht ☐ Rezensionsexemplar ☐ Getauscht

17. ....
☐ Neu ☐ Gebraucht ☐ Rezensionsexemplar ☐ Getauscht

18. ....
☐ Neu ☐ Gebraucht ☐ Rezensionsexemplar ☐ Getauscht

19. ....
☐ Neu ☐ Gebraucht ☐ Rezensionsexemplar ☐ Getauscht

20. ....
☐ Neu ☐ Gebraucht ☐ Rezensionsexemplar ☐ Getauscht

Die Angst sollte dich
niemals davon abhalten,
dein Leben zu leben.

Straßensymphonie
Alexandra Fuchs

Diese Genre habe ich dieses Jahr gelesen

Jugendbuch ....

Roman ....

Fantasy ....

Sci-Fi ....

Liebe & Erotik ....

Thriller & Horror ....

Krimi ....

Historisch ....

Biografie ....

Sachbuch ....

Manga & Comic ....

....

....

....

Platz für deine Strichliste

Meine Leseweltkarte

Male alle Länder aus, in die du dieses Jahr in einem Buch gereist bist

Mein Reading Goal

.... Bücher

Fülle den Buchstapel im Laufe des Jahres mit Farbe, bis du die Krone erreichst. Für alle, die sogar noch mehr schaffen, gibt es das Bonusbuch.

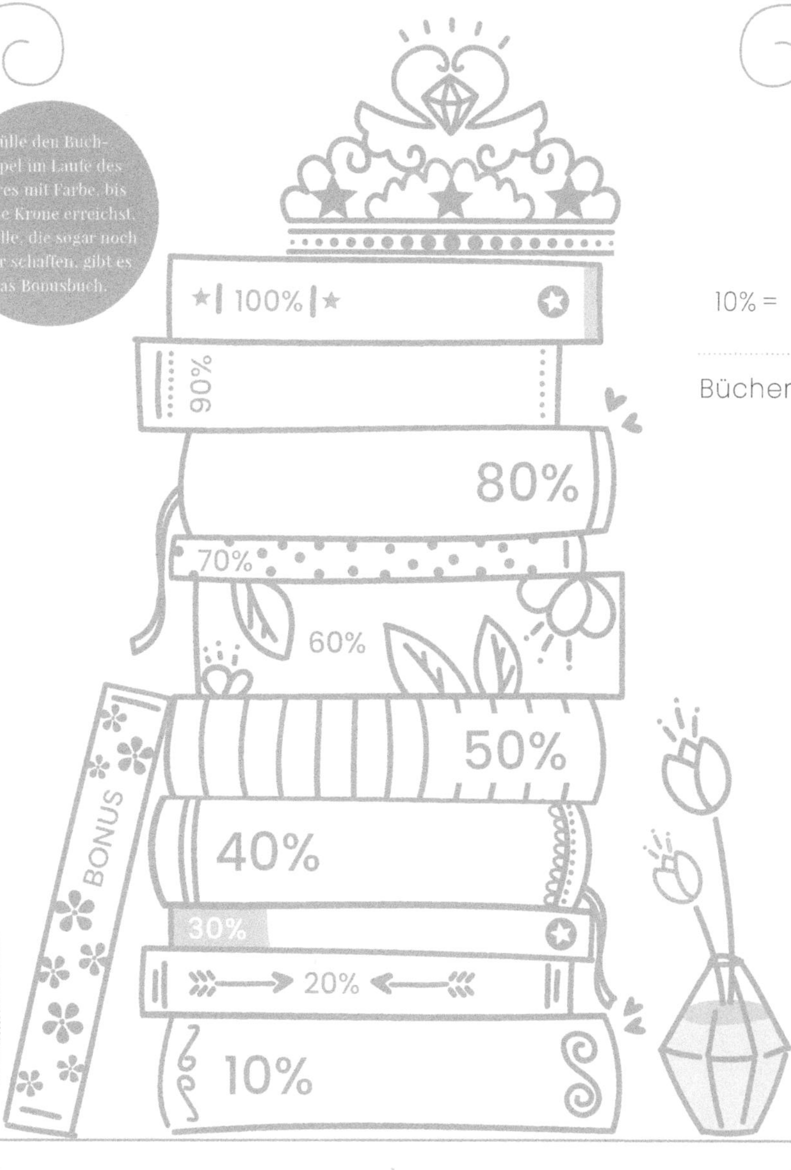

10% =

.... Bücher

JAHRESSTATISTIK

Meine Top 6 Bücher 20 ....

1. ....
2. ....
3. ....
4. ....
5. ....
6. ....

Meine 4 Flops 20 ....

1. ....
2. ....
3. ....
4. ....

Insgesamt gelesene Bücher:
....

Insgesamt gelesene Seiten:
....

Ø Bewertung:
....

Reading Goal für das nächste Jahr: ....

Buchempfehlungen

	Titel	Empfohlen von
☐		
☐		
☐		
☐		
☐		
☐		
☐		
☐		
☐		
☐		
☐		
☐		
☐		
☐		
☐		
☐		

Buchverfilmungen

Titel	Datum	Buch vs. Film	
☐		○	○
☐		○	○
☐		○	○
☐		○	○
☐		○	○
☐		○	○
☐		○	○
☐		○	○
☐		○	○
☐		○	○
☐		○	○
☐		○	○
☐		○	○
☐		○	○

Filme

	Titel	Bewertung
☐		☆☆☆☆☆
☐		☆☆☆☆☆
☐		☆☆☆☆☆
☐		☆☆☆☆☆
☐		☆☆☆☆☆
☐		☆☆☆☆☆
☐		☆☆☆☆☆
☐		☆☆☆☆☆
☐		☆☆☆☆☆
☐		☆☆☆☆☆
☐		☆☆☆☆☆
☐		☆☆☆☆☆
☐		☆☆☆☆☆
☐		☆☆☆☆☆

Serien

	Titel	Staffel	Bewertung
☐			☆☆☆☆☆
☐			☆☆☆☆☆
☐			☆☆☆☆☆
☐			☆☆☆☆☆
☐			☆☆☆☆☆
☐			☆☆☆☆☆
☐			☆☆☆☆☆
☐			☆☆☆☆☆
☐			☆☆☆☆☆
☐			☆☆☆☆☆
☐			☆☆☆☆☆
☐			☆☆☆☆☆
☐			☆☆☆☆☆
☐			☆☆☆☆☆

Neuerscheinungen

20 ....

Titel	Verlag	Datum
☆	....	....
☆	....	....
☆	....	....
☆	....	....
☆	....	....
☆	....	....
☆	....	....
☆	....	....
☆	....	....
☆	....	....
☆	....	....
☆	....	....
☆	....	....
☆	....	....
☆	....	....
☆	....	....

10 Tipps gegen Leseflauten von Sara Bow

1. NICHT LESEN

Gönne dir eine Pause! Setz dich nicht unter Druck. Manchmal tut eine kleine Pause ganz gut.

2. BÜCHERREGAL AUSMISTEN

Während du eine kleine Pause einlegst, kannst du die Zeit dafür nutzen, um einmal dein Bücherregal gründlich auszusortieren. Damit meine ich sowohl gelesene als auch ungelesene Bücher. Ich selbst habe meine Bücherregale um die Hälfte reduziert, als ich in einer miesen Leseflaute war. Behalte nur die Bücher, die dich wirklich bewegt und begeistert haben, und sortiere „SuB*"-Leichen aus, bei deren Anblick du nur ein schlechtes Gewissen bekommst weil sie schon seit Jahren darauf warten, gelesen zu werden. Eventuell hat sich dein Geschmack mittlerweile geändert? Solltest du sie doch irgendwann wieder lesen wollen, kannst du sie auch in Zukunft gebraucht wieder erwerben oder in einer Bücherei ausleihen!

3. SHOPPEN GEHEN

Nachdem das Bücherregal leer und der Geldbeutel wieder voll ist, solltest du unbedingt in deine Lieblingsbuchhandlung gehen. Lass dich vom Geruch neuer Bücher einlullen, schau dir die Neuerscheinungen an und probiere eventuell ein neues Genre! Ich lasse mir auch immer gerne neue Titel vom Buchhändler meines Vertrauens empfehlen. Er findet wirklich jedes Mal ein Buch, das meinen Geschmack trifft - ich vorher aber noch nicht kannte.

4. THEMATIK WÄHLEN

Du hast sicherlich vor Kurzem eine richtig gute Serie gestreamt oder einen Film geschaut, den du nicht aus dem Kopf bekommst? Wie wäre es mit einem Buch, das eine ähnliche Thematik behandelt? Mir fällt es oft leichter, in ein Buch einzusteigen, wenn ich mit dem Kopf noch in dieser Zeit oder in dieser Welt bin. Schaust du z.B. einen Film über Vampire oder Werwölfe, suche dir einen Titel aus deinem Bücherregal, der diese Wesen behandelt. Mit diesem Tipp konnte ich auch schon die eine oder andere SuB*-Leiche reanimieren.

5. DÜNNE BÜCHER LESEN

Obwohl ich persönlich ein Fan von dicken Schmökern bin, hilft mir bei einer Leseflaute meist ein dünnes Büchlein heraus. Damit sind für mich Bücher mit bis zu 250 Seiten gemeint. Sie sehen harmlos aus und lassen sich meist auch in wenigen Stunden durchlesen. So kommst du schnell wieder in deinen Lesefluss rein!

6. HÖRBÜCHER HÖREN

Wenn du nicht einmal auf dünne Bücher Lust hast, dann kann ich dir nur Hörbücher empfehlen! Ich höre jeden Monat mindestens ein Hörbuch - mit oder ohne Leseflaute. Diese schalte ich immer ein, wenn ich gerade dabei bin, meine Hausarbeiten zu erledigen, zu kochen oder während ich Auto fahre. Am liebsten höre ich sogar Bücher, die sich auf meinem SuB* befinden, damit ich danach das Gefühl habe, etwas von meinem Stapel gelesen zu haben. So lassen sich vor allem auch dicke Schmöker weglesen, die ihr bis dato noch nicht in Angriff genommen habt! Wenn mich das Buch besonders packt, wechsle ich sogar zwischen Hörbuch und Printausgabe. Ruckzuck habt ihr das Buch beendet und seid bereit für neue Welten und Geschichten!

7. BOOKTUBE SCHAUEN

Mir ist aufgefallen, dass ich die meisten Videos auf YouTube zum Thema Bücher schaue, während ich mich in einer Leseflaute befinde. Mich motiviert es, wenn ich sehe, was andere gelesen haben, und ich bekomme selbst wieder Lust, ein Buch zur Hand zu nehmen. Gerne schaue ich mir auch Rezensionen zu Büchern an, die sich ungelesen in meinem Regal befinden. Meist bin ich dann so neugierig auf den Titel und was meine Meinung zu dem Buch ist, dass ich anschließend sofort danach greife und lese.

8. BÜCHER ABBRECHEN

Lange Zeit konnte ich mich nicht dazu überwinden, Bücher abzubrechen. Ich kann euch nicht sagen, durch wie viele Titel ich mich schon gequält habe und dadurch in eine Leseflaute gekommen bin. Ich musste mich wirklich dazu zwingen, ein Buch abzubrechen. Meine Regel: Wenn es mich bis zur Hälfte nicht begeistern kann oder der Verlauf der Geschichte mich überhaupt nicht interessiert - ABBRECHEN! Meine Zeit ist mir zu kostbar, um sie mit schlechten Büchern zu verschwenden!

9. GEMEINSAM LESEN

Oft helfen mir auch meine Freunde aus Leseflauten. Es ist wie beim Sport: Zu zweit ist die Motivation einfach größer, ins Fitnessstudio zu gehen! Das Gleiche gilt auch bei Büchern. Schau, welche ungelesenen Bücher sowohl bei dir als auch bei einem Freund liegen und lest es gemeinsam! Teilt euch die Kapitel in Leseabschnitte ein und besprecht dann Stück für Stück gemeinsam das Buch. Es macht nicht nur unglaublich viel Spaß, das Buch ist auch superschnell durchgelesen! Ansonsten gibt es auch viele tolle Leserunden im Internet, an denen man auch anonym teilnehmen kann. Probiere es aus!

10. LESECHALLENGES

Falls du überhaupt keine Lust auf andere Menschen hast - AUCH KEIN PROBLEM! Such dir eine coole Lesechallenge auf deinem Lieblingsblog aus oder wähle eine Aufgabe aus der „Sara Bow & Drachenmond Verlag"-Lesechallenge, die du auf Seite 16 findest. Mit einem klaren Ziel vor Augen ist es leichter, ein Buch zu finden, auf das man gerade Lust hat, und nach Abschließen der Aufgabe ist die Motivation zu lesen auch wieder größer.

*SuB = Stapel ungelesener Bücher

Meine Rezensionen

.... 204
.... 205
.... 206
.... 207
.... 208
.... 209
.... 210
.... 211
.... 212
.... 213
.... 214
.... 215
.... 216
.... 217
.... 218
.... 219
.... 220
.... 221
.... 222
.... 223
.... 224
.... 225
.... 226
.... 227

Hier kannst du ein Inhaltsverzeichnis für deine Rezensionen anlegen

.... 228

.... 229

.... 230

.... 231

.... 232

.... 233

.... 234

.... 235

.... 236

.... 237

.... 238

.... 239

.... 240

.... 241

.... 242

.... 243

.... 244

.... 245

.... 246

.... 247

.... 248

.... 249

.... 250

.... 251

.... 252

.... 253

REZENSION

Heaven Officials Blessing
Vol 4

Autor:

Verlag:

Bewertung: ☆ ☆ ☆ ☆ ☆

Einzelband ◯ Band Nr.

Erschienen am:

Gelesen von bis

Meinung:

REZENSION

HOBS

Autor: ....

Verlag: ....

Bewertung: ☆☆☆☆☆

Einzelband ○ Band Nr. ....

Erschienen am: ....

Gelesen von .... bis ....

Meinung:

REZENSION

Supernatural

Autor:

Verlag:

Bewertung: ☆☆☆☆☆

Einzelband ○ Band Nr.

Erschienen am:

Gelesen von bis

Meinung:

REZENSION

True Blood

Autor:

Verlag:

Bewertung: ☆ ☆ ☆ ☆ ☆

Einzelband ◯ Band Nr.

Erschienen am:

Gelesen von bis

Meinung:

REZENSION

The Memoires

Autor: ......

Verlag: ......

Bewertung: ☆ ☆ ☆ ☆ ☆

Einzelband ◯ Band Nr. ......

Erschienen am: ......

Gelesen von ...... bis ......

Meinung:

REZENSION

The Other Boleyn Girl

Autor:

Verlag:

Bewertung: ☆☆☆☆☆

Einzelband ○ Band Nr. ....

Erschienen am: ....

Gelesen von .... bis ....

Meinung:

REZENSION

Not Without

Autor: ....

Verlag: ....

Bewertung: ☆☆☆☆☆

Einzelband ○ Band Nr. ....

Erschienen am: ....

Gelesen von .... bis ....

Meinung:

REZENSION

For Jane Love

Autor:

Verlag:

Bewertung: ☆ ☆ ☆ ☆ ☆

Einzelband ○ Band Nr.

Erschienen am:

Gelesen von bis

Meinung:

REZENSION

The Phoenix

Autor:

Verlag:

Bewertung: ☆ ☆ ☆ ☆ ☆

Einzelband ○ Band Nr.

Erschienen am:

Gelesen von bis

Meinung:

REZENSION

HOB 6

Autor: ....

Verlag: ....

Bewertung: ☆ ☆ ☆ ☆ ☆

Einzelband ○ Band Nr. ....

Erschienen am: ....

Gelesen von .... bis ....

Meinung:

REZENSION

HoB 7

Autor:

Verlag:

Bewertung: ☆ ☆ ☆ ☆ ☆

Einzelband ○ Band Nr.

Erschienen am:

Gelesen von … bis …

Meinung:

REZENSION

Three Body

Autor:

Verlag:

Bewertung: ☆ ☆ ☆ ☆ ☆

Einzelband ◯ Band Nr.

Erschienen am:

Gelesen von bis

Meinung:

★ REZENSION ★

Dark Forest

Autor:

Verlag:

Bewertung: ☆ ☆ ☆ ☆ ☆

Einzelband ○ Band Nr.

Erschienen am:

Gelesen von bis

Meinung:

REZENSION

D Crane

Autor:

Verlag:

Bewertung: ☆☆☆☆☆

Einzelband ○ Band Nr. ....

Erschienen am: ....

Gelesen von .... bis ....

Meinung:

REZENSION

Inheritence

Autor:

Verlag:

Bewertung: ☆☆☆☆☆

Einzelband ○ Band Nr. ....

Erschienen am: ....

Gelesen von .... bis ....

Meinung:

REZENSION

Band

Autor:

Verlag:

Bewertung: ☆ ☆ ☆ ☆ ☆

Einzelband ◯ Band Nr.

Erschienen am:

Gelesen von bis

Meinung:

REZENSION

Deadline

Autor:

Verlag:

Bewertung: ☆ ☆ ☆ ☆ ☆

Einzelband ○ Band Nr.

Erschienen am:

Gelesen von bis

Meinung:

REZENSION

Blackout

Autor: ....

Verlag: ....

Bewertung: ☆ ☆ ☆ ☆ ☆

Einzelband ○ Band Nr. ....

Erschienen am: ....

Gelesen von .... bis ....

Meinung:

REZENSION

Rise

Autor:

Verlag:

Bewertung: ☆☆☆☆☆

Einzelband ○ Band Nr.

Erschienen am:

Gelesen von bis

Meinung:

REZENSION

HOB Vol 8

Autor:

Verlag:

Bewertung: ☆ ☆ ☆ ☆ ☆

Einzelband ○

Band Nr.

Erschienen am:

Gelesen von bis

Meinung:

REZENSION

Grandmaster 1

Autor:

Verlag:

Bewertung: ☆ ☆ ☆ ☆ ☆

Einzelband ◯ Band Nr.

Erschienen am:

Gelesen von bis

Meinung:

REZENSION

Grandmaster 2

Autor:

Verlag:

Bewertung: ☆ ☆ ☆ ☆ ☆

Einzelband ○ Band Nr.

Erschienen am:

Gelesen von bis

Meinung:

REZENSION

Phantom

Autor:

Verlag:

Bewertung: ☆☆☆☆☆

Einzelband ○ Band Nr. ....

Erschienen am: ....

Gelesen von .... bis ....

Meinung:

REZENSION

Autor:

Verlag:

Bewertung: ☆☆☆☆☆

Einzelband ○ Band Nr. ....

Erschienen am: ....

Gelesen von .... bis ....

Meinung:

REZENSION

Autor: ....

Verlag: ....

Bewertung: ☆☆☆☆☆

Einzelband ○ Band Nr. ....

Erschienen am: ....

Gelesen von .... bis ....

Meinung:

REZENSION

Autor:

Verlag:

Bewertung: ☆ ☆ ☆ ☆ ☆

Einzelband ◯ Band Nr.

Erschienen am:

Gelesen von bis

Meinung:

REZENSION

Autor:

Verlag:

Bewertung: ☆ ☆ ☆ ☆ ☆

Einzelband ◯ Band Nr.

Erschienen am:

Gelesen von bis

Meinung:

REZENSION

Autor: ....

Verlag: ....

Bewertung: ☆☆☆☆☆

Einzelband ○ Band Nr. ....

Erschienen am: ....

Gelesen von .... bis ....

Meinung:

REZENSION

Autor:

Verlag:

Bewertung: ☆☆☆☆☆

Einzelband ○ Band Nr. ....

Erschienen am: ....

Gelesen von .... bis ....

Meinung:

•●★ REZENSION ★●•

Autor:

Verlag:

Bewertung: ☆ ☆ ☆ ☆ ☆

Einzelband ◯ Band Nr.

Erschienen am:

Gelesen von bis

Meinung:

REZENSION

Autor: ....

Verlag: ....

Bewertung: ☆ ☆ ☆ ☆ ☆

Einzelband ◯ Band Nr. ....

Erschienen am: ....

Gelesen von .... bis ....

Meinung:

REZENSION

Autor: ....

Verlag: ....

Bewertung: ☆ ☆ ☆ ☆ ☆

Einzelband ○ Band Nr. ....

Erschienen am: ....

Gelesen von .... bis ....

Meinung:

REZENSION

Autor: ....

Verlag: ....

Bewertung: ☆☆☆☆☆

Einzelband ○ Band Nr. ....

Erschienen am: ....

Gelesen von .... bis ....

Meinung:

REZENSION

Autor:

Verlag:

Bewertung: ☆☆☆☆☆

Einzelband ◯ Band Nr.

Erschienen am:

Gelesen von bis

Meinung:

•●★ REZENSION ★●•

Autor: ……………………

Verlag: ……………………

Bewertung: ☆ ☆ ☆ ☆ ☆

Einzelband ◯ Band Nr. ……

Erschienen am: ……………

Gelesen von ………… bis …………

Meinung:

REZENSION

Autor: ....

Verlag: ....

Bewertung: ☆☆☆☆☆

Einzelband ○ Band Nr. ....

Erschienen am: ....

Gelesen von .... bis ....

Meinung:

REZENSION

Autor:

Verlag:

Bewertung: ☆☆☆☆☆

Einzelband ○ Band Nr.

Erschienen am:

Gelesen von bis

Meinung:

•★ REZENSION ★•

Autor:

Verlag:

Bewertung: ☆ ☆ ☆ ☆ ☆

Einzelband ◯ Band Nr.

Erschienen am:

Gelesen von bis

Meinung:

REZENSION

Autor:

Verlag:

Bewertung: ☆ ☆ ☆ ☆ ☆

Einzelband ○ Band Nr.

Erschienen am:

Gelesen von bis

Meinung:

REZENSION

Autor: ....

Verlag: ....

Bewertung: ☆☆☆☆☆

Einzelband ○ Band Nr. ....

Erschienen am: ....

Gelesen von .... bis ....

Meinung:

REZENSION

Autor: .... Verlag: ....

Bewertung: ☆☆☆☆☆ Einzelband ○ Band Nr. ....

Erschienen am: .... Gelesen von .... bis ....

Meinung:

•●★ REZENSION ★●•

Autor: Verlag:

Bewertung: ☆ ☆ ☆ ☆ ☆ Einzelband ◯ Band Nr.

Erschienen am: Gelesen von bis

Meinung:

REZENSION

Autor:

Verlag:

Bewertung: ☆☆☆☆☆

Einzelband ◯ Band Nr.

Erschienen am:

Gelesen von bis

Meinung:

REZENSION

Autor: .... Verlag: ....

Bewertung: ☆☆☆☆☆ Einzelband ○ Band Nr. ....

Erschienen am: .... Gelesen von .... bis ....

Meinung:

REZENSION

Autor:

Verlag:

Bewertung: ☆☆☆☆☆

Einzelband ○ Band Nr.

Erschienen am:

Gelesen von ... bis ...

Meinung:

★ REZENSION ★

Autor: | Verlag:

Bewertung: ☆☆☆☆☆ | Einzelband ◯ Band Nr. ....

Erschienen am: .... | Gelesen von .... bis ....

Meinung:

REZENSION

Autor:

Verlag:

Bewertung: ☆ ☆ ☆ ☆ ☆

Einzelband ◯ Band Nr. ....

Erschienen am: ....

Gelesen von .... bis ....

Meinung:

REZENSION

Autor: ....

Verlag: ....

Bewertung: ☆ ☆ ☆ ☆ ☆

Einzelband ○ Band Nr. ....

Erschienen am: ....

Gelesen von .... bis ....

Meinung:

Messe Termine

Was?	Wann?	Wo?

Messe Termine

Was?	Wann?	Wo?

Packliste

·•★ Memories ★•·

Neue Kontakte

Mein SuB

Stapel ungelesener Bücher

	Neu	Gelesen/ Aussortiert	+/-	Total
Januar				
Februar				
März				
April				
Mai				
Juni				
Juli				
August				
September				
Oktober				
November				
Dezember				

Meine SuB-Liste

Hier kannst du eine Liste deines SuB anlegen – Bücher, die du aussortierst, kannst du durchstreichen, und Bücher, die du gelesen hast, in einer Farbe deiner Wahl kennzeichnen.

So behältst du immer die Übersicht. Füge Notitzen hinzu, priorisiere Bücher oder markiere, was du als Nächstes lesen möchtest.

Welche Drachenmond Bücher hast du schon in deinem Regal?

- ◯ Adriana zwischen den Welten
- ◯ Agung – Abendessen mit einem Magier
- ◯ Animant Crumbs Staubchronik
- ◯ Antho 1 – Hinter Dornenhecken und Zauberspiegeln
- ◯ Antho 2 – In Hexenwäldern und Feentürmen
- ◯ Antho 3 – Von Fuchsgeistern und Wunderlampen
- ◯ Antho 4
- ◯ Aschenkindel
- ◯ Arya und Finn
- ◯ Bin hexen – Wünscht mir Glück
- ◯ Blue Scales 1 – Blue Scales
- ◯ Blue Scales 2 – Green Scales
- ◯ Broken Mirrors
- ◯ Broken Mirrors Teil 2
- ◯ Captum. Born. Twice.
- ◯ Chronika – Aus dem Chaos geboren
- ◯ Chronika – Von Mythen aus Licht
- ◯ Das Geheimnis der Feentochter 1 – Secrets
- ◯ Das Geheimnis der Feentochter 2 – Kiss of Fay
- ◯ Das Geheimnis der Feentochter 3
- ◯ Das gleißende Band
- ◯ Das Feuer in mir
- ◯ Das Herz im Glas
- ◯ Das Raunen der Flammen
- ◯ Das schwarze Uhrwerk
- ◯ Das Vermächtnis der Grimms
- ◯ Das Vermächtnis der Grimms 2
- ◯ Das wilde Herz des Meeres
- ◯ Den Sternen so nah
- ◯ Der Gott der Rosen und Dornen
- ◯ Der Smaragddache – Gemmas Reise
- ◯ Der Smaragddrache – Tareks Schicksal
- ◯ Die Anderen 1 – In Blut geschrieben
- ◯ Die Anderen 2 – Krähenjagd
- ◯ Die Anderen 3 – Visionen in Silber
- ◯ Die Dreizehnte Fee 1 – Erwachen
- ◯ Die Dreizehnte Fee 2 – Entzaubert
- ◯ Die Dreizehnte Fee 3 – Entschlafen
- ◯ Die Höfe von Sonne und Mond 1 – Sonnenblut
- ◯ Die Höfe von Sonne und Mond 2 – Mondtränen
- ◯ Die letzten Zeilen der Nacht
- ◯ Die Rabenkönigin

- Die Schattenflüsterin – Zwischen Herz und Dämon
- Die Schattenkriegerhexe
- Die Schöpfer der Wolken
- Die Seele des Ozeans
- Die Seele des Wächters
- Die vierte Braut
- Divinitas 1 – Divinitas
- Divinitas 2 – Falkenmädchen
- Divinitas 3 – Löwentochter
- Dunkelherz 1 – Welt in Scherben
- Dunkelherz 2 – Nacht aus Schatten
- Ein Cowboy am Nordpol
- Ein Himmel aus Lavendel
- Ellin
- Ewig und ein Sommer
- Ewigkeitsgefüge
- Fallen Queen 1 – Ein Apfel so rot wie Blut
- Fallen Queen 2 – Ein Spiegel so weiß wie Schnee
- Fallen Queen 3
- Familie Olivers Weihnachtsgeschichte
- Feenglut
- Fenrir – Weltenbeben
- Flerya 1 – Drachenschlaf
- Flerya 2 – Drachenliebe
- Flerya 3
- For Good
- Fremder Himmel
- Froschröschen
- Fuchsnacht
- Funkenmagie
- Für König und Vaterland – Wechselbalg
- GBT 1 & 2 – Teamwechsel
- GBT 3 – Katastrophe mit Kirschgeschmack
- GBT 4 – Verknallt hoch zwei
- GBT 5 – Die Sache mit Susan Miller
- Hekates Erbe 1
- Hekates Erbe 2
- Herz aus Dornen
- HerzSeilAkt
- Hipster 1 – Rotkäppchen und der Hipster-Wolf
- Hipster 2 – Aschenputtel und die Erbsen-Phobie
- Hipster 3 – Rapunzel und die Genmais-Protestbewegung
- Hipster 4
- Hunter's Moon
- Im Schatten deines Herzens
- Indigo 1 – Indigo und Jade
- Indigo 2 – Schnee und Orchideen
- Jasmin 1 – Orangenblütenzauber
- Joli Rouge
- Kann Spuren von Geistern enthalten
- KAT – Fluch deiner Seele

- Kateryna
- Käfig 1 – Ein Käfig aus Rache und Blut
- Käfig 2 – Ein Thron aus Knochen und Schatten
- Käfig 3 – Eine Krone aus Herz und Asche
- Kernstaub 1 – Kernstaub
- Kernstaub 2.1 – Weltasche
- Khaos – Touching Soul
- Knochenjob
- La Vita Seconda
- Lieder von Morgen
- Living Legends – Des Teufels Träume
- Living Legends – Des Räubers Gewissen
- Living Legends 3
- Lovebites
- Madness – Das Land der tickenden Herzen
- Magie aus Gift und Silber
- Magiesprung Chronik 1 – Lichterglanz & Dunkelschatten
- Magiesprung Chronik 2
- Medusas Fluch 1
- Medusas Fluch 2 – Götterschimmer
- Medusas Fluch 3
- Memories To Do
- Mitternachtsfarben 1
- Mitternachtsfarben 2
- Mondprinzessin
- Mondlichtkrieger
- Mondstaub und Sonnenstürme
- Monster Geek 1 – Die Gefahr
- Monster Geek 2 – Die Sehnsucht
- Monster Geek 3 - Die Liebe im Blick
- Murphy - Rache ist süß
- Nachtmahr und Nebelnixe
- Nebelvermächtnis
- Nimmerlands Fluch
- No heartbeat before coffee
- Penelope 1 – Wolfsköder
- Penelope 2 – Welpensterben
- Phoenicrus Sammelband
- Phoenix 1 – Raubzug des Phoenix
- Phoenix 2 – Lockruf des Phoenix
- Rabenaas
- Räuberherz
- Reading Journal
- Rebell 1 – Gläserner Zorn
- Rebell 2 – Gläserne Stille
- Rebell 3 – Gläsernes Herz
- Rock 1 – Rockherz
- Rock 2 – Rockleben
- Rosen & Knochen 1 – Die Chroniken der Hexenwälder
- Rubinsplitter – Funkenschlag & Tränenspur
- Rubinsplitter – Schaumkrone
- Rubinsplitter – Mitternachtskuss

- ◯ Schmetterlingsblau
- ◯ Shadowcross – Staffel 1
- ◯ Sisu – Älter als die Erde
- ◯ Slayer: Das Erbe der Jägerin
- ◯ Slayer 2
- ◯ Snowheart
- ◯ Solange Schnee vom Himmel fällt
- ◯ Sternenscherben
- ◯ Straßenkötergene
- ◯ Straßensymphonie
- ◯ Sturmherz
- ◯ Sturmmelodie
- ◯ Superior 1 – Das dunkle Licht der Gaben
- ◯ Superior 2 – Im Windschatten der Lüge
- ◯ Superior 3
- ◯ Symantriet 1 – Das Erbe der Vergangenheit
- ◯ Symantriet 2 – Der Kuss der Täuschung
- ◯ Symantriet 3 – Der Tribut der Ewigkeit
- ◯ Tarakona – Schattenlicht
- ◯ The Burning Sky (Elemente 1)
- ◯ The Perilous Sea (Elemente 2)
- ◯ The Immortal Heights (Elemente 3)
- ◯ The Lie She Never Told
- ◯ Tiefenwelt
- ◯ Traumgeboren – Prinz über Schatten und Licht
- ◯ Turion
- ◯ Uhrwerk der Unsterblichen
- ◯ Unaschkin 1 – Mondlicht in deinen Augen
- ◯ Unaschkin 2 – Die Sterne in unseren Händen
- ◯ Unaschkin 3 – Goldstaub auf meiner Haut
- ◯ Ungenügend
- ◯ Verbundene Seelen 1 – Jenna & Drystan
- ◯ Verbundene Seelen 2
- ◯ Verdammt nah am Himmel
- ◯ Verwandte Seelen – Die Trilogie
- ◯ Verwandte Seelen Teil 1
- ◯ Verwandte Seelen Teil 2
- ◯ Verwandte Seelen Teil 3
- ◯ Von Göttern und Hexen 1 – Der verwunschene Gott
- ◯ Von Göttern und Hexen 2 – Der verbannte Prinz
- ◯ Von Göttern und Hexen 3
- ◯ Von Göttern und Hexen 4
- ◯ Warrior & Peace 1 – Göttliches Blut
- ◯ Warrior & Peace 2 – Göttlicher Zorn
- ◯ Was geschah mit Femke Star?
- ◯ Water Love
- ◯ Wenn die Nacht Träume regnet
- ◯ Wild 1 – Wild
- ◯ Wild 2 – Wach
- ◯ Winters zerbrechlicher Fluch

Instagram

@misshanamisbookdreams

Hallo, ihr Lieben,

ich bin Tizia und stecke hinter dem Design und den Templates, die euch in diesem Buch begegnen. Vielleicht kennt ihr mich aus Instagram als @misshanamisbookdreams.

Meine Bücher und ich sind in Stuttgart zu Hause, wo ich (wenn ich nicht gerade lese) als Mediengestalterin arbeite. Ich freue mich, meine Bücherwelt über Bookstagram und meinen Blog mit ganz vielen lieben Menschen zu teilen. Wenn ihr mehr über mich erfahren wollt oder auf der Suche nach neuen Templates seid, schaut gerne vorbei!

Ich wünsche euch ganz viel Spaß
mit diesem tollen Buch <3!!

Danksagung

Ich habe mit diesem Buch zwar keinen Roman geschrieben, dennoch steckt sehr viel Arbeit und vor allem die Unterstützung von ganz besonderen Menschen in diesem Reading Journal, denen ich hiermit gerne danken würde. (Außerdem bin ich nicht sicher, ob ich jemals wieder eine Danksagung schreiben werde, daher Vorhang auf und emotional Oscar mode on *räusper* *träne rausdrück* *träne abtupf*)

An allererster Stelle möchte ich mich bei meiner Verlegerin Astrid Behrendt bedanken, die sofort Feuer und Flamme von meiner Idee war und gleich dazu bereit war, dieses Projekt gemeinsam mit mir umzusetzen. Ich bin dir sehr dankbar für dein Vertrauen und dass ich nun ebenfalls ein Mitglied im Drachenmond Verlag sein darf.

Danke an meinen Covergott Alexander Kopainski, dessen Arbeit ich seit Jahren bewundere und schätze. Für mich bist du die Nummer eins und deshalb war auch kein anderer Coverdesigner für mich denkbar. Meine Erwartungen wurden mit diesem Cover mehr als übertroffen und ich werde dir dafür immer dankbar sein!

Liebe Tizia, ich weiß nicht, wie ich dieses Projekt ohne dich hätte umsetzen können! Ich danke dir von ganzem Herzen für das wunderschöne Innendesign des Journals! Du hast meine Ideen und Vorstellungen sofort gefühlt und niemand hätte das Chaos in meinem Kopf besser umsetzen können als du! Danke!

Einen ganz besonderen Dank möchte ich an dieser Stelle meiner Freundin und Kollegin Julia aka Lia Kathrina aussprechen. Du hast wahrscheinlich jeden Nervenzusammenbruch und jede Euphorie ertragen und mich unterstützt wo du nur konntest. Danke für die zahlreichen Gespräche, deine Ehrlichkeit und vor allem deine Freundschaft! Das Gleiche gilt auch für dich, David Milan. Ohne dich hätte ich schon mehr als nur einmal den Kopf in den Sand gesteckt. Du bist immer da, wenn man dich braucht!

Danke an meine Lieblingscousine Nasti, meinen Lieblingsonkel Zeljko und meine Lieblingstante Tatjana (okay, auch an meinen Lieblingscousin Nikolai, obwohl du nichts mit Büchern zu tun hast, aber es scheiße wäre, wenn ich dich jetzt außen vor lassen würde). Ohne euch wäre ich nur halb so verrückt nach Büchern und ihr habt nicht nur mich, sondern vor allem meinen Buchgeschmack geprägt!

Danke auch an die restlichen Verrückten aus der Familie, die mich in jeder Lebenslage ertragen: Papa, Ratko, Stara, Baba Mira, Deda Sava, Ebby und Verica. Ich weiß, dass Baba Doca von oben auf uns runterschaut und halb Fasi mit diesem Buch ausgestattet hätte.

Danke, Mama, ohne dich wäre ich nie Bloggerin geworden und hätte dadurch wahrscheinlich auch niemals ein Buch herausgebracht! Auch wenn du dieses Journal nie als Lesetagebuch nutzen wirst, bin ich mir sicher, dass du irgendwo eine tolle Ecke findest, die du mit meinem Reading Journal dekorieren kannst =).

Danke an die beste Lesegruppe aus Stuttgart (ich hab's euch ja versprochen): Sophie, Nisso, Nadine, Michael, Karolina, Dominique und noch mal Tizia. Danke Ava, für deine professionelle Meinung und dass du ebenfalls Teil dieses Journals geworden bist! Danke Claudia, die beste Geschäftspartnerin überhaupt, dass du mir während der schwierigen Zeit immer den Rücken freigehalten hast. Danke, lieber Timo, du bist meine Augen und Ohren und der einzige Reading Buddy, der es schafft, mein Lesetempo zu übertreffen.

Zu guter Letzt: Danke an meine Zuschauer! Ihr seid der Wahnsinn und ich hoffe, ich kann euch mit diesem Reading Journal etwas zurückgeben.

Sara Bow

Drachenmond Verlag